上海家长学校
中小学生心理健康教育系列丛书

孙晶 主编

走进孩子的内心世界

张晓冬 著

上海人民出版社

上海远东出版社

图书在版编目(CIP)数据

走进孩子的内心世界/张晓冬著.—上海：上海远东出版社，2023
（中小学生心理健康教育系列丛书/孙晶主编）
ISBN 978-7-5476-1964-3

Ⅰ.①走…　Ⅱ.①张…　Ⅲ.①心理健康-健康教育-中小学-教学参考资料　Ⅳ.①G444

中国国家版本馆 CIP 数据核字(2023)第 223186 号

责任编辑　程云琦
封面设计　李　廉

本书由上海开放大学
家庭教育教材开发与出版项目资助出版

中小学生心理健康教育系列丛书
走进孩子的内心世界
张晓冬　著

出　　版　上海远东出版社
　　　　　（201101　上海市闵行区号景路 159 弄 C 座）
发　　行　上海人民出版社发行中心
印　　刷　上海信老印刷厂
开　　本　890×1240　1/32
印　　张　7.375
字　　数　142,000
版　　次　2023 年 12 月第 1 版
印　　次　2023 年 12 月第 1 次印刷
ISBN 978-7-5476-1964-3/G·1194
定　　价　48.00 元

中小学生心理健康教育系列丛书

编 委 会

　　随着经济的飞速发展和社会生活水平的普遍提高，人们的物质生活需求日益得到满足，全社会关于健康的观念也发生了很大变化。《国务院关于实施健康中国行动的意见》（以下简称"《意见》"）中，把国民的心理健康提到了与身体健康同等重要的地位。《意见》进一步明确了个人与社会的关系和心理建设与社会建设的关系，呼吁全社会采取切实行动，并提出了考核要求。其中，青少年的心理素质因为关系到民族的振兴和国家的未来，更是备受关注。

　　对于青少年的成长发展来说，心理健康教育是提高中小学生心理素质的重要一环，是素质教育的重要内容。中小学生正处在身心发展的重要时期，随着生理、心理的发育和发展，社会阅历的扩展及思维方式的变化，特别是面对社会竞争的压力，他们在学习、生活、人际交往、升学就业和人格完善等方面会遇到各种各样的心理问题。因此,全面开展中小学生心理健康教育,是学生健康成长的需要,也是推进素质教育的必然要求。

为了在"十四五"期间全面落实中小学生心理健康工作,2021年7月,教育部及相关部门相继推出各项重要政策:教育部办公厅发布《关于加强学生心理健康管理工作的通知》,在强调建设校园心理教育健康体系的同时,明确提出"增强学校、家庭和社会教育合力"的要求,规定"在家长学校、社区家长课堂中将青少年发展心理学知识列为必修内容",防止因家庭教育不当造成的孩子心理问题;中央宣传部、中央文明办等部门联合印发《关于进一步加强家庭家教家风建设的实施意见》,提出"推动社会主义核心价值观在家庭落地生根","引导家长强化主体责任,注重品德教育和心理健康教育,加强家庭文化建设,遵循儿童成长规律,用正确行动、正确思想、正确方法教育孩子养成好思想、好品行、好习惯,培养担当民族复兴大任的时代新人"。

家庭不只是人们生存所依的场所,更是心灵所养的土壤。

为了回应社会关切,响应国家号召,我们特推出了本套"中小学生心理健康教育系列丛书"。本丛书围绕"加强家庭教育建设,全面提升中小学生心理素质"的总体目标,充分体现"教育是一项激荡心智、沐浴灵府、贞立人格、彰显个性的活动",通过在家庭范围内普及教育学、心理学原理,结合传统文化、哲学、美学、社会学、生物学等综合知识,构建和谐心灵家园,构筑向上向善的家庭人文环境,引导学生、家长构建双向养育、共同成长的互爱、互助、互敬关系。

关于丛书的写作思路,我们希望能够以"深入浅出、寓教于乐"的方式激发个体内驱力,抓住时代进步的发展性,遵循社会伦理的普适性,注重理论知识与实际操作的关联性,不仅给予孩子成长宽厚的人文滋养,同时观照现代家长的精神修养,构建自我觉醒、关爱亲情、终身学习、绿色生态相融合的"和谐心灵家园"。

在作者的组织上,我们特地邀请了奋斗在基础教育一线的心理教师,有丰富教育经验的艺术工作者,有社会学与健康教育背景的高校教师,以期集结教育、心理、文史哲方面专家团队,通过不同的视角,为家长与孩子的沟通提供宝贵的知识与对策,共同实现丛书的教育总体目标。

本丛书从认识中小学生心理现象与规律、开拓启智增信路径、重视人生理想规划、构建和谐亲子关系、分析常见心理问题等方面展开论述,通过对知识原理、场景设计、案例分析、指导意见等板块的精心设计,让家庭心理教育内化于心、外化于行。

在快节奏发展的时代,更需要给尚未成熟的青少年养护心灵的时间。《走进孩子的内心世界》一书,从当今中小学生遇到的普遍烦恼切入,结合心理学基本原理,帮助家长与学生认知日常生活中的各种心理现象,以及背后所蕴藏的心理发展规律,帮助家长与学生共同面对心理问题,探索内心世界。

少年时期的主要任务是学习。学校是青少年学习文化科学知识的主课堂,但家庭才是他们人格形成的第一课堂,父母才是他们人生的第一位老师。此外,要塑造健全的人格,还必须适时了解社会、适应社会。为了担负起第一位老师的职责,年轻的家长一定要掌握寓教于乐的教育方法,循循善诱,让孩子们在潜移默化中形成健康的心理，以便将来顺利地融入社会，成为有益于社会的人。

《寓教于乐也能称心如意》一书通过阐述德育、美育、劳动教育在中小学生心理意识形成中的重要意义，指导家长在学校课堂教学以外，合理利用身边资源增强学习氛围，如参与运动、艺术、烹饪、种植等社会实践，前往博物馆、美术馆、历史遗迹等场所充实课外知识，丰富学习方法，提高生活乐趣，于无形中帮助孩子提升学习兴趣、探索精神、责任意识，起到调节情绪、启智增信的教化作用。

在家庭教育中，如何处理好亲子关系无疑是十分重要的。《和孩子共同成长》一书聚焦社会关注的中小学生心理健康问题，归纳提炼具有时代精神与实际意义的心理话题，通过案例的分析与解读，为家长提供具有普遍性、代表性的青少年心理行为问题的认识、预防、干预方法，普及心理服务体系，提供心理建设多元视角。与此同时，引导家长科学看待心理健康问题，帮助学生克服精神压力与恐惧心态，共同参与到心理健康关爱行动之中。

每一个生命都是独立的个体，不论是在亲子关系还是社会人际交往之中，都需要充分尊重彼此的人格独立性，才能更好地构建稳固、长远、和谐的关系。

本套丛书以爱的教育为切入口，将家风建设与文明社会建设相结合，深入探讨父母的人格显现在孩子生命成长过程中的重要引导作用，以关爱自身、尊重生命、追求美好为理念，揭示亲子沟通之道。

陪伴有你，成长有爱。

愿每一个孩子都能够顺利度过心理上的断乳期,为进入成年社会,承担更多的社会责任奠定坚实的心理基础。

愿每一位家长都能够与孩子顺畅交流,实现有效沟通,增强彼此之间的相互理解,共同谱写家庭的和谐之声。

愿每一个家庭都能通过这套丛书有所受益,让小家之美融入大家,形成独立自主、仁爱互助的美好社会风气。

王伯军

2023 年 10 月于上海

序言

　　成长的心事谁能懂？青少年在成长过程中会经历很多事情，也会产生很多烦恼，有的与生理发育有关，有的与学业发展有关，有的与人际交往有关，有的与情绪管理有关，有的与亲子关系有关……之所以会有那么多烦恼，原因很复杂，也许是因为青少年成长发育中的激素水平变化，也许是因为青少年对自己不了解，也许是因为青少年缺少有效的心理调节方法，也许与青少年所处的成长环境有关。对家有儿女的家长们来说，青少年成长过程中的点点滴滴都是他们所牵挂的，一方面希望走进孩子的内心，另一方面希望能有办法更好地陪伴孩子健康成长。但是很多家长往往苦于不知道如何了解孩子，不知道如何才能真正理解孩子，不知道如何才能正确教育孩子。

　　笔者作为一名心理老师，在学校工作了29年，在日常教育教学工作中，接触了大量的青少年，也得以有机会接触很多家长，切身感受到他们的苦恼与困境，越发觉得走进孩子内心世界的重要性。为此，本书结合笔者多年中小学生心理健康教育与家庭教育指导经验，希望能引导家长在养育孩子成长的过程中静下心来倾听孩子的心事，走进孩子的内心世界，去了解孩子的困扰，体谅孩子长大的不易，能与孩子一起直面成长的烦恼，特别是能直面孩子成长过程中的危机，转危为机，耐心陪伴孩子重塑生命的意义，协助孩子谱写属于自己的生命故事，在健康成长的同时，最终走向属于自己的幸福人生。

与孩子同学习、共成长，成为孩子成长的知心人、引路人，让我们一起陪伴、鼓励并见证孩子的成长历程，与孩子一起成为更好的自己。

张晓冬

2023 年 9 月 1 日

目录

第二章　陪伴成长——与孩子一起直面成长的烦恼

第一章

家有儿女

——长大不是一件容易的事情

青少年好比蝴蝶，他们经历着从毛毛虫到蝴蝶之间的层层蜕变。这种蜕变充满着潜能，但又很脆弱。

——司徒农

家有儿女，对每个家庭来说，从孩子一出生开始，他们的成长历程总是那么值得期待。作为父母，眼看着孩子一天天长大，个子长高了，人也更懂事了，真是一件让人高兴的事情。孩子的一举一动、一笑一颦，在父母眼中都是那么可爱，那么令人激动，孩子的未来也是那么值得期待。而当孩子进入青春期，似乎一切都有点不一样了。发展心理学认为青春期是个体生理和心理发生急剧变化和快速发展的特殊时期，是个体从幼稚走向成熟，从家庭和学校步入社会的重要转型时期。心理学家霍尔认为，孩子到了青春期，他们的"身体和心理跟以往相比，大为不同，而发展的趋势是跳跃而来的"，"他们既不了解世界，又不了解本身生理的发展所引起的心理变化"。那么，青春期孩子的生理、心理到底有些什么特点呢？下面，让我们一起来了解长大这回事吧。

第一节　身体长大了，心理呢？

　　人人都应该祈求自己具有存在于健康身体里面的健康心灵。

——夸美纽斯

　　每个生命的诞生都是一个奇迹。随着精子与卵子结合，受精卵需要突破重重考验，克服无数困难，才有机会以胚胎的形式在母亲的子宫里慢慢生长，并且历经千难万险，才能顺利降生到这个美丽的世界。对于孩子而言，获得生命是创造美好人生的宝贵开始，是一切可能的起点。对于父母而言，孩子的出生是珍贵的，是生命的延续，是非常值得期待的，特别是在感受到孩子每一天的变化时，作为父母总是觉得骄傲和自豪的。但是除了感动于这种生命延续的力量和成长的变化，我们还得知道影响孩子成长的生理卫生知识和心理卫生知识，这样才能更好地助力孩子健康成长。

一、你知道这些生理卫生知识吗？

　　从婴幼儿到青少年，孩子的成长是迅速的，尤其在生理发育方面，变化最为明显，在很多方面都会让人发出"一天一个样疯长""女大十八变"等感慨。下面就让我们从青少年生长发育过程中的身高发展、大脑发育和性生理发育三个方面来了解与孩子成长有关的生理卫生知识吧。

（一）身高发展

青少年的生长发育通常具有阶段性、持续性和不平衡性的特点。

我们可以将从出生到成年期的青少年生长发育分为幼儿期、儿童期和青春期三个阶段，在这三个发育阶段中，人的发育有着不同的生长速度，尤其是身高发展变化明显。一般情况下，1岁以内的幼儿身高变化最为明显。到了儿童期，则会放慢成长的速度。而到了青春期，尤其是青春期前期，身高则会出现飞跃性的发展，仿佛在一夜之间，孩子就会以肉眼可见的速度长高，有时孩子的衣服鞋子买好还没来得及穿，就已经穿不下了，而到了青春期后期，这种身高快速增长的现象又会趋于平缓。这些变化就是生长发育的阶段性特点。

事实上，虽然孩子身高的变化呈现阶段性特点，但是孩子在成年之前一直在持续成长，身高一直在变化，各器官也一直在成长变化，这就是生长发育的持续性特点。用心的家长如果在门背后贴一张长纸条，在每个月固定的一天中固定的时间点，让孩子站在白纸前，记录下孩子的身高体重，就能感受到孩子的身高体重是如何变化的。甚至仔细的家长还能找到身高体重变化的规律,比如每个月基本长高 1 厘米左右或者孩子睡得多的那个月身高增长更多一些。家长如果发现孩子的身高在一段时间内停滞不变,那就要引起足够的重视了。儿科医生会通过一系列检查来判断孩子的生长发育是否属于正常范围,他们会指导家长科学育儿或者通过干预改变孩子的"早熟"或者"晚熟"现象。

虽然青少年在正常情况下生长发育都呈现阶段性和持续性特征,但是受到遗传、营养、睡眠、锻炼、激素水平、情绪状态等因素影响,孩子的生长发育还会呈现不平衡性的特点,使每个孩子的生长发育都有自己的规律和特点。通常情况下,从遗传学上说,父母长得高的,子女身高通常也会比同龄人个子更高;父母身高不理想的,孩子的预期身高通常也不会高。但如果营养均衡,蛋白质和钙丰富,多晒太阳,也会有利于青少年长高,因为晒太阳可以增加维生素 D 的合成,有利于饮食当中钙的吸收,这些对青少年长高都是有利的。坚持锻炼的青少年往往长得更高,尤其是能坚持打篮球、打排球、跳绳等伸展性运动的青少年往往比父辈长得高,这些运动对青少年的骨骼发育都会产生有益的影响。通常睡眠充足的青少年身高变化明显,这与人脑垂体分泌的生长激素有关,生长激素能够促进骨骼、内脏和全身的生长,促进蛋白质合成、影响脂肪和矿物质代谢,在人体生长发育中起着非常重要的作用,研究发现夜间生长激素要比白天多分泌 2—3 倍,特别是在深睡眠以后,一个小时的分泌量就是一天总量的一半以上,一般在晚上

9点以后，生长激素分泌逐渐增加，一直持续到高峰，晚上12点是一天当中生长激素分泌的最高峰，到了清晨六七点的时候，另外一个小的高峰又出现了，随后在白天清醒状态下，生长激素的分泌明显下降。[①] 因此要想孩子长高，最好是让孩子在9点之前睡觉，7点以后起床，如果长期熬夜、晚睡、早起，青少年的身高就会受到一定影响。

细心的家长可能会发现，现在的孩子青春发育期普通有提前的趋势，这使青春期个体身心发展的不平衡性及矛盾性更加明显地表现出来。民间也有"先长后不长""早熟的孩子长不高"等说法，说的是孩子比同龄人更早快速长个子，一下子长太快，后面就可能生长缓慢，最终身高反而不如同龄人高。青少年在进入高中阶段后，身体发育基本达到稳定状态，身高、体重增长速率减慢，18岁以后个体的身高增加得很少。有些男生到了高中身高不是很理想，可能会特别焦虑，甚至会自卑。其实，如果生长变化在正常范围内，大可不必紧张，也没有必要与其他孩子盲目攀比，更不可随意给孩子服用保健品，滥用保健品反而不利于青少年生长发育。如果发现孩子生长速度加快，一个月长了过去两个月的身高，家长一定要引起足够的重视，除了要加强蛋白质和钙等营养素的补充，还应该注意增加睡眠，加强锻炼。如果孩子突然长得太快或者太慢，还可以去正规医院的儿保科或者生长发育科，通过检测骨

---

① 生长激素如何促进身高增长？［EB/OL］.中国生长激素网，2021 - 11 - 02. https://www.jszjsw.com/jibingzhishi/1192.html.

龄、B超和激素水平等，来看看青少年是否属于发育异常。如果发现异常，一定要在医生的指导下进行正规治疗和干预，错过了干预的关键期，会让孩子留下生长发育方面的终身遗憾，因为身高的发育过程是不可逆的，一旦错过，就再也没有机会弥补了。

（二）大脑发育

人类的脑结构分为大脑、小脑和脑干，各有不同的分工和功能。大脑的功能主要是维持人体的正常运动、感觉以及认知，可以这样说，大脑是学习的基础。小脑的功能主要是维持人体的平衡能力。脑干的功能主要是维持人体正常的呼吸、循环，以及正常的睡眠觉醒周期。如果说人脑结构是复杂的，那么人脑发育更是一个复杂的过程，尤其是大脑的发育更加复杂。

从母亲怀孕后期到出生以后 2 岁是孩子大脑发育最快的时期，也是最关键的时期。[①] 出生的时候，孩子的大脑从解剖学上看已经具备成人大脑所具备的沟与回，也具备了成人大脑皮层的基本结构，拥有数千亿个神经细胞，只不过这些神经细胞缺少系统组织。婴幼儿大脑皮层的沟与回的深度比成年人的稍浅一些，但婴儿在出生后，无论在大脑结构上，还是在大脑功能上都会迅速发展。

---

① 林崇德.发展心理学(第3版)[M].北京:人民教育出版社,2018:103.

　　婴儿出生时大脑大约有 350 克到 400 克,占体重的八分之一到九分之一,大约是成人脑重的四分之一。长到 1 岁左右,幼儿大脑重量达到出生时的 2 倍,接近成人大脑重量的一半。长到 2 岁的时候,幼儿大脑重量达到成人大脑重量的四分之三。① 可见出生后最初两年,婴幼儿大脑发育是一生中最快的。

　　这个阶段的幼儿对外界充满好奇,脑细胞的发育让神经纤维分支增多增长,神经元之间的联系越来越多,而对外界的探索越多,大脑半球的神经传导通路髓鞘化就越明显。特别是到了 6 岁左右,身体在接受外界刺激后,可以很快、准确地由感觉器官沿着神经通路传导到大脑皮层高级中枢,大脑皮质各区域之间增加了暂时联系的可能性,条件反射的形成日趋稳定而巩固。② 如果在这一阶段,幼儿的生活是单调的,也就是说大人限制或者很少鼓励孩子的探索性行为,不让孩子接触外人,不让孩子接触社会环境,那么幼儿的脑细胞发育就可能不会那么丰富,神经纤维分支可能被修剪、退化,神经传导通路的髓鞘化就不那么明显,这种幼儿的脑发育就会不太理想。

　　7—8 岁的儿童大脑半球继续发育,大脑重量接近成人大脑,神经细胞体积增大,细胞分化基本完成,神经细胞的突起分支更密,形成更多新的神经通路。③ 大脑额叶迅速生长,儿

---

① 临床知识科普:小儿神经系统发育特点具体都有什么? [EB/OL]. 医学教育网,2020-01-08. https://www.med66.com/erkeziliao/mu2006082290.shtml.
② 袁伟. 处世名著[M]. 西宁:青海人民出版社,1998:132.
③ 李晓东. 小学生心理学[M]. 北京:人民教育出版社,2003:79.

童运动协调性发展。同时,儿童的分析能力、综合能力加强,行为变得有针对性,更容易控制,直观形象的模仿能力强,但是抽象思维能力不足。

9—16岁,青少年大脑重量增加不多,但是大脑细胞内部的结构和功能发展更加复杂,神经纤维数量迅速增加,神经元髓鞘化发展迅速,抽象思维、逻辑思维和概括能力迅速提升,直到20—25岁达到完全成熟。[①] 这一阶段青少年的认知能力显著提升。如果髓鞘化过程不顺,则会影响青少年的认知能力发展。髓鞘化延迟受很多因素影响,如病毒感染、自身免疫疾病、情绪激动、上呼吸道感染、外伤、劳累、母婴分离等,也有研究表明定期的运动可以促进神经元之间的联结,让青少年的思维反应更迅速。

我们知道,人类大脑由左右两侧半球组成,是控制运动、产生感觉和实现高级脑功能的高级神经中枢。[②] 而大脑皮层表面有不同的功能区,有的与运动协调能力有关,有的与推理逻辑能力有关,有的与想象力有关,有的与记忆有关,有的与艺术创意有关。了解这些脑科学知识,有助于为孩子的潜能开发和兴趣发展奠定生理基础,也为大脑的开发提供可能。

如果幼年时大脑功能发育不良,则会影响孩子的智力发育和终身学习的能力,甚至影响到下一代的生长发育。而毒

① 林崇德.发展心理学(第3版)[M].北京:人民教育出版社,2018:359.
② 付建中.普通心理学(第2版)[M].北京:清华大学出版社,2017:56.

瘾、网瘾等行为问题往往也与大脑中的基底核——大脑中的"奖赏中枢"有关，在玩游戏过程中获得的成就感会不断刺激大脑，让大脑欲罢不能。2017 年，王凌霄在研究中发现，网络游戏成瘾组在负责奖赏功能的眶额回脑区激活水平更高，而在负责执行控制功能的前扣带回以及负责转移注意和整合信息的楔前叶、中央后回等脑区的激活水平显著降低。[①] 因此，科学育儿、科学进行脑功能开发很重要。

以上说的都是大脑发育的常见规律，但随着科技的发展，特别是脑科学研究的深入，发现人类大脑具有可塑性，某些大脑区域包括对学习和记忆起着关键作用的海马区，一生都能产生新的神经元，这就为终身学习提供了科学依据。

（三）性生理发育

我们都知道，在受精卵结合的那一刻，我们的性别就已经决定了，但是孩子出生以后，除了第一性征，也就是生理性别的不同，从表面上看，男生和女生其实并没有太大不同。而到了青春期，孩子生理迅猛变化，尤其是生殖系统迅猛发展并发育成熟，作为人体各系统中发育成熟最晚的器官，它的成熟标志着人体生理发育的完成。这时，青少年性生理发育会出现以下这些变化。

第一，性激素的增多。性激素分泌是整个内分泌系统活

---

① 王凌霄.网络游戏成瘾者奖赏系统的大脑功能和结构特征[D].浙江师范大学硕士论文,2017:1.

动的一个重要内容。在青春期之前，无论男女，都仅分泌少量的性激素，并不足以导致第二性征的发育。进入青春期后，个体下丘脑的促性腺释放调节因子的分泌量增加，从而使垂体前叶的促性腺激素分泌也增如，进而导致性腺激素水平相应提高，促进性腺发育。性腺的发育成熟让性激素分泌增多，使女性出现月经，男性发生遗精。[①]

第二，性器官的发育。在青春期之前，女性的性器官发育缓慢，到了8—10岁发育加快，以后的发育速度则直线上升。男性的性器官发育比女性要晚些，在10岁以前发育很慢，进入青春期后发育加速。

第三，性机能的发育。性器官的迅速发育和性激素水平的变化使青春期的女孩出现月经。女性月经初潮出现得早与晚，与其所处的地理环境、气候条件、经济水平以及营养状况等因素有关。男性首次遗精的时间也有个体差异。这些都是正常且自然的生理现象，在初中阶段的生命科学教科书中也都会讲到，但是有些女孩会因为自己的月经而感到难为情，有些男孩会因为自己的遗精现象而惊慌失措。因此，需要家长在这一阶段适时适度进行指导。

除了以上身高发育、大脑发育和性生理发育外，青少年其他生理结构和机能在此阶段则相对发展减缓，并在不同的时段进入成熟状态，使得青少年在外观上越来越接近成年人。

---

① 林崇德.发展心理学(第3版)[M].北京:人民教育出版社,2018:355.

二、你知道这些心理卫生知识吗？

婴儿成长为成人需要近二十年的时间和过程，在这些成长历程中，孩子的发展具有一定的阶段性、方向性和顺序性。美国电视剧《成长的烦恼》和国产电视剧《家有儿女》都与青少年的成长故事有关，让众多青少年和家长产生了共鸣。确实，我们渴望孩子早日长大，但孩子长大的历程并不是那么一件容易的事情。与孩子的生理发育相比，孩子的心理发展更加复杂。下面，就让我们来了解青少年成长中的那些心理卫生知识吧。

（一）青少年心理发展的阶段性

和人的生理发育一样，在人的一生中，人的心理发展也是一个连续的过程，可以划分为不同的阶段。心理学家对青少年的心理发展阶段有很多研究，依据不同的标准如生理发展、智力发展、生活事件、个性发展特征等来划分人的成长阶段。

美国著名精神病医师、心理学家埃里克森提出的人生发展八阶段理论（Theory of Psychosocial Development）是以自我意识发展特征来划分的关于人的一生成长的阶段性理论，见表1。埃里克森认为，人的自我意识发展持续一生，他把自我意识的形成和发展过程划分为八个阶段，分别为：婴儿期（0—1.5岁）、童年期（1.5—4岁）、学前期（4—6岁）、学龄期（6—

12岁）、青春期（12—18岁）、成年早期（18—30岁）、壮年期（30—65岁）和老年期（≥65岁）。① 这八个阶段的顺序是由遗传决定的，但是每个阶段能否顺利度过却是由环境决定的，所以这个理论可称为"心理-社会发展阶段理论"。他认为，人发展到一定的年龄阶段，就会经历该阶段的主要冲突，也会遇到该阶段需要解决的核心发展问题，这些核心发展问题我们可以称之为人生发展任务。埃里克森认为，在每一个心理-社会发展阶段中，解决了核心问题之后所产生的人格特质，都包括积极与消极两方面的品质。如果各个阶段都保持向积极品质发展，就算完成了这个阶段的任务，逐渐实现了健全的人格，否则就会产生心理-社会危机，出现情绪障碍，形成不健全的人格，也会影响下一阶段的发展。因此，每一个阶段都是不可忽视的。但这也并不意味着错过了最佳发展时期，在这个发展任务后面就没有机会再发展了，我们还是可以通过有意识的学习和训练进行补救。

虽然埃里克森心理-社会发展八阶段理论中每个阶段都没有明确的生理和心理发展指标，各阶段的划分也只是一个近似的年龄段，但是他的理论为不同年龄段的教育提供了理论依据和教育内容，用这个理论来解释当下青少年的心理发展问题，很多现象就很容易理解了。让我们明白为什么自己会成为现在的样子，自己的心理品质中哪些是积极的，哪些是

---

① 朱海，申健强. 中小学心理健康教育［M］. 成都：西南交通大学出版社，2015：83.

消极的,这些积极和消极的心理品质是在哪个年龄段形成的。当然也让我们意识到,任何年龄段的教育失误,都会给孩子的终生发展造成障碍,只有及时发觉并及时补救才有弥补的机会。

表1　埃里克森心理-社会发展八阶段理论

阶段	主要心理冲突	核心问题	积极解决矛盾形成的品质	矛盾解决失败形成的品质
1. 婴儿期(0—1.5岁)	基本信任对不信任	我能相信他人吗?	对人信任、对外界有安全感	恐惧,对外界不信任
2. 童年期(1.5—4岁)	自主对羞怯	我能独自行动吗?	发展自主能力,能够自我控制	缺乏信心,畏首畏尾,自我怀疑
3. 学前期(4—6岁)	主动对内疚	我能成功地执行自己的计划吗?	主动,表现出积极性和进取心	畏惧退缩,产生内疚感和失败感
4. 学龄期(6—12岁)	勤奋对自卑	与别人相比我是有能力的吗?	勤奋,掌握做事待人等基本能力	缺乏生活基本能力,充满失败感
5. 青春期(12—18岁)	自我同一性对角色混乱	我到底是谁?	自我观念明确,建立同一性	对于自我、他人的角色混乱,充满不确定感
6. 成年早期(18—30岁)	亲密对孤独	我为某种关系做好准备了吗?	建立友情和爱情,发展爱的能力	与社会疏离,孤独寂寞
7. 壮年期(30—65岁)	生育对停滞	我留下我的痕迹了吗?	热爱家庭,关心社会,追求事业成功	只顾及自我和"小家",缺乏社会责任
8. 老年期(≥65岁)	自我整合对绝望	我的生命最终是有意义的吗?	回顾一生,感到生活有意义	悔恨旧事,消极失望

（二）青少年心理发展的特点

很多人会感慨，"现在的孩子都早熟"。这里说的"早熟"，一方面指的是由于营养丰富等因素，青少年身高等生理发育提前，平均身高普遍增高，性成熟也比父辈要早一些，青少年产生了成人感，他们希望能告别童年，尽快进入成人世界，寻找到全新的行为准则，扮演全新的社会角色，获得全新的社会评价，重新体会人生的意义；另一方面，在心理发展方面，青少年认知发展迅速，知识面广，接受新知识的能力更强，特别是随着科技的发展，青少年的学习方式可以不受时间和空间限制，因此，他们的认知水平更是迅速发展。但是由于文化、教育等原因，青少年虽然看起来身体发育好了，心理发展却严重滞后，生理变化对心理活动会产生强烈的冲击，也容易引起种种心理发展上的矛盾，产生各种成长的困惑。

心理发展上的矛盾主要体现在以下四方面并存所导致的不平衡性。

第一，独立性和依赖性并存。

青春期的孩子非常想长大，进而产生了强烈的独立意识。他们不愿顺从，不愿听从成人的意见。在生活中，从穿衣戴帽到对人对事的看法，他们都不喜欢被家长评价尤其是指责。

但是，青少年的内心并没有完全摆脱对父母的依赖，只是依赖的方式比过去有所变化：童年时，对父母的依赖更多的是在情感和生活上；青春期时，对父母的依赖则表现为希望从父母那里得到精神上的理解、支持和保护。

青春期孩子的独立性也很复杂：他们有时是想通过反抗表明自己已经有独立人格了；有时又是为了做出独立的样子给自己看，以掩饰自己的不成熟。

第二，勇敢性和怯懦性并存。

初生牛犊不怕虎，青春期孩子似乎很勇敢，但往往又冒失莽撞。他们的思想没有条条框框，没有过多的顾虑，常常能果断地行动；但同时，他们的认识还很有局限性，因此经常不能立刻辨别危险。

但有时他们也常常表现得比较怯懦。例如，在公众场合常常羞羞答答，不够坦然和从容，未说话先脸红。这种局促与他们缺少生活经验以及这个年龄阶段所特有的心理状态是分不开的。当他们在困难面前感到惶恐疑惑的时候，特别希望仍能像小时候一样，得到父母的关照。

在评价自我方面，有可能因为勇敢，所以可能创造了更多实践的机会；几次偶然的成功，就可能使他们认为自己非常优秀；而几次偶然的失利，也可能会使他们妄自菲薄，认为自己糟糕透顶。

第三，成熟性和幼稚性并存。

青少年的心理是半幼稚半成熟的。因为身体发育了，他们便有了对成熟的强烈追求和感受。因而他们对人对事的态度、表达情感的方式以及行为方式等方面都会有明显变化，同时也渴望身边人能把他们当作成人对待。

其幼稚性主要表现在认知能力、思想方法、人格特点及社会经验上。青少年的逻辑思维已经得到发展,但水平还较低,比较抽象,不切实际。他们很有想法,但由于缺乏社会经验,总是非黑即白、非此即彼,不宽容、不灵活;在人格特点上,他们不够沉着稳重,也缺乏韧性。

第四,开放性与闭锁性并存。

进入青春期后,很多青少年渐渐地将自己的内心封闭起来。他们的内心心理活动更丰富了,但表露于外的东西却减少了,加上他们对外界不信任和不满意,这种闭锁性的程度又增加了。

但与此同时,很多人又体会到孤独和寂寞,希望能有人来关心和理解他们。他们不断地寻找朋友,一旦找到,就会推心置腹,毫不保留。因此,青春期个体在表现出闭锁性的同时,又表现出很明显的开放性。

第二节 多动的孩子也能专注

用心专者,不闻雷霆之震惊。

——林逋《省心录》

　　青少年在成长过程中,常常表现出活泼好动,但是也有一些孩子过于好动而让家长和老师感到头疼。在孩子还未进入学校读书的时候,家长可能只是觉得孩子比较顽皮,养育起来比较操心。但是当孩子入学读书以后,如果还是那么顽皮,就有可能引发更多的烦恼。当家长听到老师反映孩子在学校顽劣多动,注意力不集中,违纪捣乱,建议家长带孩子去专业医院做"多动症"评估时,家长常常会产生很多疑虑:哪有孩子不顽皮的?多动的孩子是生性活泼还是顽劣不堪?多动的孩子长大后会自动变好还是会影响终身?下面让我们一起来了解多动和多动症是怎么一回事,多动的孩子怎样才能做到专注吧。

一、当孩子被怀疑是多动症时

　　让我们首先通过两个案例来了解一下"多动症"是怎么一回事吧。

　　　　小 A 是小学二年级的一名男生,自上学以来,经常与同学发生争执与冲突,集体活动中他总是状况频发,手脚乱动,不遵守秩序,随意捣乱,甚至还会与同学打架。上课时小 A 很难安安静静地坐着,不是玩手指,就是玩文具,时不时因为上课讲话和发出各种怪声被老师批评,甚至有时候还会随意离开座位乱走;注意力不集中,写作业时边写边玩,经常抄错题,读课文时添字漏字,东西也总是丢三落四。教师和家长想尽各种办法,但毫无改善。

高三女孩小 B 看起来非常文静,但上课时总是分神,老师提问时总发现她不在状态,注意力不能集中,东西丢三落四,不是在找本子就是在找笔。晚上学习时小 B 效率很低,不是磨蹭很久才开始写作业,就是才写了几分钟就开始分心,效率极其低下,因此作业总是拖到半夜 1 点才能勉强完成,作业中的小错误很多,非常粗心,做题时读题能力差,经常读了几遍还不知所云,因此非常痛苦。她这种现象其实在小学时就开始出现了,那时的她就经常丢三落四,不是文具少了就是红领巾丢了,写作业的时候经常发呆。只是以前的学科知识相对简单,她父母又盯得紧,所以成绩还可以。初三时也是家长一直陪读,才让她顺利进入高中。

多动症全称是注意缺陷多动障碍(Attention Deficit Hyperactivity Disorder,简称 ADHD),是儿童时期常见的行为问题。小 A 和小 B 后来都被明确诊断为多动症。多动症的主要特征为:在需要认知参与的活动中,注意力不集中、注意缺乏持久性、活动量多且经常变换内容,行为冲动、唐突、不顾及后果。通常起病于 7 岁以前,学龄期症状明显。随着年龄增大,部分可逐渐好转,部分病例可延续至成年期。智力可以正常或接近正常,常伴有学习困难、人际关系和自我评价低下。男孩患病多于女孩。案例中小 A 更多表现为行为多动-冲动为主型,而小 B 更多表现为注意缺陷为主型。

上海市精神卫生中心杜亚松教授结合长期临床经验,研究发现不同年龄多动症特征有所差别。[①]

（1）婴幼儿时期:婴幼儿常常不安宁,易激惹,行为不规则变化,过分哭闹、喊叫,饮食差,培养排便、睡眠习惯较难。

（2）学龄前期:做事情和注意力集中时间短暂,不能静坐,爱发脾气,难入睡;有的对动物比较残忍、有攻击破坏行为;参加集体活动困难,情绪易波动或遗尿。

（3）学龄期:注意集中时间短暂,对挫折的耐受性差,对刺激反应较强,学习困难,难以完成作业,有攻击行为,与同伴相处困难,易冲动,自我形象不好。

（4）青少年期:接受教育能力迟钝,注意力短暂、缺乏动力,办事不可靠,有攻击行为,冲动、对刺激反应过强,有过失行为,情绪波动,说谎,容易发生事故。

（5）成年期:注意容易转移,情感暴发、冲动,与同伴关系难以持久,参加集体活动困难,酗酒,工作不能胜任,经常与人争执或打架,甚至犯罪。

---

① 杜亚松.注意缺陷多动障碍综合干预手册[M].上海:上海科学普及出版社,2012:4—5.

华中科技大学卢林等人对武汉市 4—16 岁从幼儿园到高一共 2 199 人开展调查,采用注意力和行为问题调查量表(SNAP－Ⅳ)评分,并使用环境量表(包括亲子关系、父母的精神心理认知、父母对影响学习的决定因素的看法等人文环境)对学生及家长进行诊断性访谈,研究发现:(1)多动症患病率为 13.58%,其中混合型为 2.63%,注意缺陷为主型为 8.27%,多动-冲动为主型为 2.68%,男女患病率比为 2.24:1;(2)随着年龄增加,多动症患病率呈下降趋势,尤其是多动-冲动为主型患病率下降更明显。[①]

二、多动症需要科学评估与诊断

(一)多动症的典型特征

多动症的典型特征主要有注意障碍、活动过度、冲动、成绩波动或者低下。

注意障碍是多动症最主要的表现之一,表现为:注意力不集中,上课不能专心听讲,易受环境干扰而分心,频繁地改变注意对象,做作业时不能全神贯注,家长描述为做做玩玩,粗心大意;对家长的指令心不在焉,似听非听;做事有始无终,常半途而废或虎头蛇尾;做作业拖拉,不断地以喝水、吃东西、小

---

① 卢林,等.武汉市儿童青少年注意力缺陷多动障碍相关因素调查:12 个年级的 2 199 份问卷分析[J].临床精神医学杂志,2005(06):116.

便等理由中断，做作业时间明显延长。有些患儿表现为凝视一处，走神、发呆、眼望老师，但脑子里不知在想些什么。老师提问时常不知道提问的内容。

活动过度是多动症的另一个主要症状。常常表现为活动明显增多，不适当地奔跑、爬上爬下或小动作不断，在教室里不能静坐，常在座位上扭来扭去，严重时离开座位走动或擅自离开教室。话多、"人来疯"、喧闹、插嘴、惹是生非、影响课堂纪律，目的在于引起别人注意。喜观玩危险游戏，常常丢失东西。

冲动性也是多动症的常见症状。主要表现为情绪不稳、易激惹冲动、任性、自我控制能力差。易受外界刺激而过度兴奋，易受挫折。幼稚、行为不考虑后果，易出现危险或破坏性行为，事后不会吸取教训。

学习成绩低下或波动较大也是多动症的常见症状。多动症儿童学习成绩低下或波动较大的原因与注意力不集中、多动有关。出现学习成绩低下的时间，取决于智力水平及多动症的轻重程度。智力水平中下的严重多动症患者在学龄早期即出现学习成绩低下；智力水平较高、多动症症状较轻者可在较高年级才出现学习成绩低下。

（二）多动症的诊断标准

医学上临床诊断多动症必须符合以下 5 项标准。①

---

① 韩颖，秦炯. 儿童注意缺陷多动障碍与睡眠障碍［J］. 中国实用儿科杂志，2010（09）：662.

（1）症状学标准：目前常用 SNAP－Ⅳ 评定量表①进行评估，其中注意缺陷症状至少符合表中 6 项，且持续至少 6 个月，达到适应不良的程度，并与发育水平不相称；多动、冲动症状至少符合表中 6 项，达到适应不良的程度，并与发育水平不相称。

（2）起病与病程：7 岁前出现症状，至少持续 6 个月。

（3）某些症状造成的损害至少在两种场合（如学校和家里）出现。

（4）严重程度标准：在社交、学业或成年后职业功能上，具有明显的临床损害证据。

（5）必须排除以下疾患：精神发育迟滞、广泛性发育障碍、儿童精神分裂症、躁狂发作和双相障碍、焦虑障碍、特殊性学习技能发育障碍、各种器质性疾病（如甲亢）和各种药物副反应所导致的多动症状等。

有的家长依据孩子在看电视、玩游戏时非常专心，就认为孩子不属于多动症，其实人的注意分为主动注意和被动注意，多动症儿童主要是主动注意减弱，而被动注意则相对增强。动画片和电脑游戏等往往情节有趣、色彩鲜艳、互动性强，因此多动症儿童常能专心观看，但这些都是被动注意的作用。如果需要主动注意时，多动症儿童可能就不能专心观看了。

---

① 杜亚松.注意缺陷多动障碍综合干预手册[M].上海:上海科学普及出版社，2012:9—12.

（三）多动症的病因分析

自从 1845 年德国医生霍夫曼开始研究并描述"多动"现象以后，很多心理学家和临床医师开展了大量研究。近年来科技的发展使多动症的病因与发病机制成为研究热点，相关研究取得突破性的进展。多动症的主要病因包括以下方面。

（1）遗传学因素

通过对注意缺陷多动障碍的家庭、双胞胎及寄养子的研究，发现 40％多动症儿童的父母、同胞和亲属也患有该病；患有多动症的父母，其子女患有多动症的概率为 60％，存在家族聚集性。多项研究表明多巴胺 D4 受体基因、多巴胺转移基因及 D2 受体基因与注意缺陷多动障碍有关。

（2）神经生物化学因素

人的精神状态受多巴胺、5-羟色胺、去甲肾上腺素的多少影响。多动症也是如此，多动症儿童体内上述三种神经递质功能不均衡，如表 2 所示。

表 2　去甲肾上腺素、多巴胺和 5-羟色胺的功能状态

	高	低
去甲肾上腺素	良好注意和有选择注意，条件反射早，出现焦虑早，过度抑制、内向	注意力不集中，条件反射差，自我控制性差，焦虑少，抑制性差
多巴胺	运动活动增加，攻击性强，外向，冲动	运动活动少，不攻击，对他人兴趣低，动机差
5-羟色胺	冲动控制良好，攻击性低	冲动控制差，富有攻击性，运动活动增加

（3）免疫学因素

根据目前对多动症与细菌或病毒感染、补体缺陷、变态反应性疾病的关系和免疫因子介导的功能失调等假说，分析免疫系统在多动症的发生、发展中起到一定的作用。

（4）神经系统发育障碍——中枢神经系统皮质功能发育延迟

运用功能性核磁共振成像技术会发现多动症儿童和正常儿童的大脑皮质功能存在明显不同。这可能和母亲在孕期受到病毒感染、服用药物、X光照射或者高龄产妇等因素有关。而婴儿在出生时或出生后的脑损伤、胎儿窒息、低氧、产伤、难产、低体重儿、早产儿等也会影响婴儿的神经系统发育。婴幼儿在成长中吃了太多的食品添加剂，或者铅中毒、环境污染等也会导致神经系统发育障碍。

（5）社会心理因素

不良的养育环境和家庭环境，如父母的人格特征、家庭关系混乱、婚姻功能、亲子关系破裂、教育方式、父母精神病性等会直接影响青少年的身心发育。而社会风气、大环境背景等也会对青少年产生明显的影响。

每个孩子的先天遗传素质、成长环境和教育方式不同，对孩子产生的影响也会不同，如果家长怀疑孩子患了多动症，就需要去专业的医院儿少科或者儿童心理科进行专业的检测、评估和诊断。通常医院会进行一系列的全面检查才会做出评估。除了采用智力测验、SNAP-IV量表、行为评估量表、注意力测定等临床诊断检查外,通常还需要做以下检查:血铅水平与微量元素检测、甲状腺水平、脑电图检查,了解生长情况及教育情况,以便于明确诊断,通过科学诊断查找病因,然后根据病因制定有效的干预治疗方案。

三、多动症更需要综合干预

美国、英国、中国香港等国家和地区往往采用综合干预模式治疗多动症以缓解注意多动障碍症状。上海市精卫中心杜亚松、儿童医学中心章依文等人也在积极推广这种治疗模式,开展了大量针对精神科医生、家长、学校教师的联动合作。目前国内在干预多动症方面的主要做法有以下方面。

(1)通过培训增强家长、教师和医生对多动症的认识,消除关于多动症的片面误解,了解更多的与多动症有关的科学知识。

(2)科学诊断:目前除上海市精卫中心外,各区县精卫中心、大型医院都有 ADHD 专科门诊。

(3)制定合理的治疗方案,对症治疗才能有效缓解,以下是常见的治疗方案。

一是药物治疗。医生会根据具体情况开具处方药,并有一定的治疗周期建议。

大量临床试验证明,药物治疗是必要的,但仅有药物治疗是不够的。药物在治疗多动症上有确定无疑的疗效,但学习成绩的提高、师生关系的改善和亲子关系的改善仅仅依靠药物是不行的。很多家长会在短暂治疗后因为孩子学习成绩没有变化而选择放弃治疗，这是不理智的。除了药物治疗外，还要靠语言鼓励、行为强化、正确引导等干预策略的综合运用才能达到最佳的治疗效果。

二是心理治疗。行为训练，即针对年龄小的孩子，常用合理奖赏、处罚、塑造、契约、鼓励、消退、矫枉过正、静坐疗法、自我控制训练、感觉统合训练等形式进行训练。美国著名儿童心理学家巴克利博士总结的一套"行为矫正八步法"效果显著。该方法适用于2—10岁，语言发育基本正常，没有严重对立违抗行为的多动症儿童，一般需要8—12周。每一步骤用时约1周，有的孩子可能需要更长时间，每一步都建立在前一步的基础上，需要严格按照规则操作。第一步：设置亲子游戏时间。第二步：运用表扬使孩子服从。第三步：提出更有效的要求（如限时完成任务）。第四步：用关注法减少对父母的干扰（如独立玩耍）。第五步：建立家庭代币方案。第六步：用扣分法管理不良行为。第七步：用暂时隔离法处理严重的不良行为。第八步：扩大隔离法的使用范围。①

三是父母效能训练。主要是针对多动症孩子的父母开展，协助父母学会解决亲子冲突、协商解决问题、制定家庭规则、对孩子上网时间进行管理，指导家长开展记忆益智游戏，

---

① 杜亚松.注意缺陷多动障碍综合干预手册[M].上海：上海科学普及出版社，2012：39—49.

协助孩子将学习用品贴标签,列清单检查要做的事情,有益的常规睡眠,亲子互动游戏(如搭积木、卷毛线、走迷宫、校对实验、数黑点及排序训练、拼图及排序训练)等。

四是社会技巧训练。很多孩子因为捣乱而人际关系恶劣,但是人际关系的改善是需要训练的,比如如何和别人打招呼,如何沟通,如何相处,这些都是学问,需要学以致用,方能熟练掌握。

五是认知行为治疗。关注孩子问题本身,有的孩子和家长对问题行为本身怀有不合理的认知,需要首先调整这些不合理认知,然后通过行为训练改善行为习惯。这些要在专业心理咨询师的指导下进行,通常需要一段时间的多次治疗才能调整认知,重塑习惯。

六是课堂矫正。需要教师的长期观察和耐心指导,才能有针对性地改善学生的听课习惯,增强听课效果。

七是学业矫正。这是一个长期的过程。每天同一时间做作业,做作业前做一些体育活动、制定合理的时间段,将作业分成易于完成的几部分、自我激励等,让孩子慢慢掌握科学的学习方法,改进学习效果,增进学习效能感。

根据孩子的具体情况,从以上7种方法中选择若干组合形成针对性的治疗方案,并由医生、家长、教师和孩子共同参与完成。

(4)定期反馈探讨:不管采取哪一套治疗方案,都需要定期反馈,才能探索得到最合适的治疗和训练方法,而这种反馈需要医生、家长、孩子和老师共同参与。

第三节　学会学习并不难

学会学习的人，是非常幸福的人。

——米南德

一、你能识别孩子的学习心理问题吗？

强强是一名高一新生。初中时，强强非常听老师的话，老师教什么他就学什么，跟随着老师的教学节奏和教学内容一步一步学习。由于他初中成绩还不错，刚刚进入高中时，成绩还算理想，但随着高中知识点越来越复杂，慢慢变快的学习节奏让他变得非常不适应。强强发现自己上课时有时不太能跟得上老师传授的内容，经常还没听懂上一个知识点，老师就已经在讲下一个知识点了，因为上课没有听明白，导致课后的习题做起来十分困难。考试成绩也在慢慢退步，这让他变得越来越沮丧。他觉得自己像个无头苍蝇，想去补没学好的知识点但又会错过学习新知识点,紧跟老师的上课节奏吧,又没有时间复习巩固学过的知识点,以前初中时有老师指导他预习和复习,现在高中老师并不会特地强调或检查学生的预习复习,也不会反复通过题海进行强化训练。这些都让强强感到无所适从,不知道自己在高中该怎么学习了。

有很多孩子和强强一样有着不会学习的烦恼,很多时候,家长眼看着孩子为学习而苦恼,却不知道如何进行指导。事实上,影响孩子学业成绩的因素有很多,身心健康、学习风格、学习方法、学习习惯、人际关系、情绪状态、学习环境等因素都会影响孩子的学业成绩。强强可能更需要改进学习方法。这些影响因素又是怎么影响孩子的呢? 让我们先了解一些与学习有关的理论吧。

二、科学学习方能提升效能——学习的原理

学习是讲究方法的,而学习方法又需要遵循学习原理和科学规律。下面让我们一起来了解一下有哪些学习原理和科学规律吧。

(一)学习的原理

教育学和心理学中关于学习的理论非常多,概括起来,主

要包括以下几种。[①]

一是行为主义理论。行为主义强调经验，尤其是把强化和惩罚作为学习和行为的决定因素。行为主义只研究可以观察到的行为，因此，行为主义理论认为学习是后天训练的结果，学习能力也可以通过行为训练来改变。多做题，反复做题，做对了就给予奖励，做错了就给予批评或惩罚，就是遵循了行为主义理论。

二是社会认知理论。社会认知理论强调行为、环境和个人认知因素如何相互作用来影响学习，简单来说就是强调环境对人学习的影响，比如父母的言传身教，班级的学习氛围对学生学习的影响等。学校强调校风、学风建设，树立学习标兵，树立远大目标和理想等都是遵循了社会认知理论。

三是信息加工理论。所关注的焦点是儿童通过注意、记忆、思考和其他认知过程来加工信息。简单来说，就是研究人在学习时大脑做了哪些工作，并根据这些规律提出学习的方法。比如艾宾浩斯遗忘曲线、元认知策略都是信息加工理论的研究成果。

四是认知建构主义理论。该理论强调儿童对知识和理解的认知构成，简单来说就是强调建立知识体系。比如用思维导图法来归纳和梳理知识之间的逻辑联系就遵循了认知构建

① 韩永昌.心理学(第五版)[M].上海：华东师范大学出版社，2009：214—222.

主义理论。

五是社会建构主义理论。该理论强调通过与他人合作产生知识和理解，比如课堂教学中的小组合作学习、国内的杜郎口教学模式（"三三六"自主学习模式）遵循的主要是社会构建主义理论。

（二）脑科学的研究

随着科技的发展，脑科学的研究越来越深入和细致，不仅在一定程度上解释了学习在大脑中的发生机制，也揭示了学习的个体差异。那么从脑科学看，学习的本质又是什么呢？

学习本质一

大脑皮层有分工，多元智能各不同

随着科学的发展，尤其是脑科学的发展，科学家发现人的大脑分为左右两侧半球，在大脑皮层表面有不同的功能区，有的负责语言表达，有的负责数理逻辑，有的负责手眼协调，有的负责情感表达。因为每个人的大脑皮层功能区发育不同，因此会表现出在不同智能方面的差异，多元智能的说法就是基于此。

学习本质二

用进废退，大脑越用越灵活

脑科学研究表明，在成长过程中，脑细胞神经元突触会随着经验的增加而形成新的突触，如果生活单调，或者不加强学习，那么这些突触就会被修剪掉，孩子今后某些智能就再也不会恢复和获得了。这一点与达尔文的"用进废退"理论有点相似，大脑越用越聪明，越用越灵活。各位家长若明白了这个道理，你是让孩子一心只读圣贤书，两耳不闻窗外事，只管学习不管其他事情，也不参加任何社会实践，还是也会鼓励孩子多增长见闻，多学习一些技能，多参加社会实践呢？

学习本质三

神经元会新增，终身可学习

最新脑科学研究发现，某些脑区包括对学习和记忆起着关键作用的海马区，一生都能产生新的神经元。换句话说，大脑是越用越聪明的，只要你愿意，活到老、学到老，这就为终身学习提供了科学依据。

学习本质四

神经传递很敏感，学习影响因素多

神经科学家海瑟·理查森（Heather Richardson）等研究表明，神经元髓鞘化成熟过程主要发生在出生后，并持续到20岁以前，脑白质的髓鞘终生都在改建。随着个体进入青春期，神经元轴突的特定物理变化会加速神经传递，这可能导致更高的神经传递速度，所以青少年进入青春期后认知能力会显著提升。但有时候会因为一些病理心理原因而导致髓鞘化延迟。一旦神经髓鞘化延迟，学习的效果必然会受到影响，所以孩子在生病、情绪激动、劳累时学习效果并不理想。

三、不是学不会，而是不会学——指导有方，策略先行

很多时候，当家长发现孩子学习上出现问题时，可能首先会想到是不是孩子不够努力，甚至有的家长会埋怨孩子没有遗传到自己的"聪明基因"。事实上，如果我们没有找到孩子学习上存在问题的根本原因，那么也就无法针对孩子的实际情况进行有针对性的指导了。

（一）当孩子学业不佳时

随着孩子读书年级的提高，知识点越来越复杂，慢慢变快的学习节奏可能会让孩子变得力不从心，明明孩子已经很努力了，但是成绩依然没有起色。学业不佳让部分孩子甚至出现厌学和拒学的现象，这让家长和老师很忧虑。

这里所指的学业不佳是指智力正常，但由于生理、心理、行为、环境、教育等因素致使学生在正常教育情形下学习成绩低下，达不到教学目标所要求的水平。

学业不佳的原因主要有三种：学习策略不良型、潜能开发不足型和能力策略不当型。学习策略不良型主要是指学生没有掌握良好的学习策略，导致付出与收获不成正比。例如孩子每天花大量的时间，靠死记硬背来记知识点，不会灵活运用知识点，考试时就不能取得好成绩。潜能开发不足型主要是指因为某些能力没开发出来导致跟不上。比如数理逻辑能力没有得到良好开发，在数学学习方面很困难。能力策略不当型是指潜能开发不足，学习策略也不当。

厌学拒学主要有厌倦型拒学、自卑型拒学和适应不良型拒学三种。厌倦型拒学主要是指因为繁重的任务、机械重复做题或枯燥的学校生活让孩子觉得厌烦，进而产生拒学现象。自卑型拒学主要是指因为孩子长期跟不上周围同学，从而产生的自卑心理，进而产生拒学现象。适应不良型往往发生在高一这种起始年级，科目增加、难度增加以及环境改变使孩子感到不适应，进而产生拒学现象。

面对孩子厌学拒学，家长一定要分析原因，才能"对症下药"，有针对性地指导孩子找到适合自己的改进方法。面对厌倦型拒学的孩子，可以用"大禹治水"的办法因势利导，激发孩子的积极情绪。家长要多引导孩子，把学业上的压力当成是对自己的挑战，使孩子面对难题时更愿意以积极的态度去攻破，而不是带有消极的情绪，认为那是家长给自己下的命令或任务，避免产生厌倦的心理。需要引导孩子不仅专注于自己的学习状况，以掌握知识点为唯一目的，还要注意劳逸结合，不与他人攀比，不过多关注分数，不过于在乎别人的评价。面对自卑型拒学的孩子，要引导孩子树立力所能及的适切目标，首先降低并细化学习目标，在简单的任务中培养起自信心。家长要着重引导孩子提高他们的自我效能感，相信每个人的能力都是可塑造和发展变化的，创造机会让自己获得另一种意义上的成功，树立信心。面对适应不良型拒学的孩子，可以引导他们尽快熟悉校园新环境，增强适应性。比如参观校园、参与学校活动、获得校园文化认同以及多和新老师新同学交流等。

（二）当孩子学习效率不高时

家长都希望自己的孩子学得轻松又高效，但是亲自辅导孩子学科知识已经不太可能，一方面学科知识的难度加大，很多家长当年所学都忘得差不多了；另一方面，很多孩子也不愿意自己的家长来辅导学科知识。那么家长可以做些什么来协助孩子改进学习策略,提高学习效率呢?

一是引导孩子发现学习特点,扬长补短。

每个人的天赋、兴趣爱好、个性心理、学业基础、学习策略等方面都存在差异。有的人天生对语言敏感,有的人天生逻辑性强,有的人善于观察,有的人喜欢做简单机械的运算,有的人喜欢奇思妙想、发散性思维强,有的人没耐心坐不住,有的人能够静心沉思,有的人基础知识扎实,有的人善于钻研难题,有的人非常讲究学习方法,有的人只顾埋头死学……不管是哪一种情况,家长都要引导孩子发现自己的特点,因势利导,发挥长处,弥补不足,做到扬长补短。

二是培养孩子事半功倍的学习策略。

(1)复习与理解:孩子要遵循记忆规律及时复习,需要想办法加深理解,弄懂知识才更好掌握。

(2)利用思维导图:引导孩子利用思维导图的方法将知识点之间的逻辑关系进行梳理,从而加深对知识的理解,巩固知识。

(3)十字时间法:引导孩子学会十字时间法(又称为四象限法则),用来对自己要做的事情进行重要性和紧急程度判断,引导孩子分类进行标注(A表示重要且紧急,B表示重要但不紧急,C表示不重要但紧急,D表示不重要也不紧急),然后让孩子分别写在十字的四个象限里。如明天需要背文言文,这属于重要且紧急的事,需要马上完成,而书法属于重要非紧急任务,可以在背完课文后再去完成。

(4)高效的时间:还可以利用番茄钟管理时间。如:学习

25 分钟就可以休息 5 分钟；在学习的这 25 分钟内，不做与学习无关的事，5 分钟的休息时间可以做自己想做的事情。如此循环往复，直到学习时间结束。

（5）用好错题集：引导孩子利用好错题集，将每个单元整理成目录，哪个知识点的作业或考试出错了就在目录后进行标注，对自己错的类型较多的知识点，重新学习和练习，以便巩固，确保错过的题目能真正弄懂，并能举一反三。很多高三老师特别注重学生对错题集的整理，甚至每周收齐学生的错题本进行检查。

（6）学以致用：将知识放在情境中思考运用，在实践中运用所学解决问题，能举一反三，知识才更容易掌握。

（三）当学习习惯不好时

好孩子都是"别人家的"，很多家长会羡慕别人家的学霸孩子。事实上，别人家的孩子与我们自己的孩子一样都是肉体凡胎的普通人，要想自己的孩子也变得优秀，需要着眼于对孩子日常学习习惯的培养。

1. 自主预习的习惯

凡事预则立不预则废，课前预习是很重要的。课堂知识容量、难度只会越来越大，老师的上课节奏也会更快，如果课前没有预习准备，孩子在课堂上就很难跟上老师的节奏。家长可以引导孩子根据美国艾奥瓦大学罗宾森提出的 SQ3R（Survey - 浏览、Question - 发问、Read - 阅读、Recite - 复述、

Review－复习）阅读法中的 S－浏览（Survey）与 Q－发问（Question)进行预习。也就是先笼统浏览一遍，然后一边思考提问一边仔细深入地针对性阅读。

2. 听课记笔记的习惯

听课时专心很重要，会记笔记同样很重要。有一种系统、完整的笔记方法叫康奈尔笔记法，又称为"5R笔记法"，具体是怎么记的呢？

首先将记录本分成三栏：主栏、副栏和总结栏。左上是主栏，右上是副栏，下方是总结栏。主栏记录听讲笔记、读书内容等，副栏记录主要想法、提问、图表、帮助回忆的提示，总结栏记录最重要的要点。

记录后的学习运用包括记录、简化、背诵、思考、复习五个步骤。

（1）记录（Record）：在听讲或阅读过程中，在主栏内尽量多记有意义的论据、概念等内容。

（2）简化（Reduce）：下课以后，尽早将这些论据、概念简明扼要地概括（简化）在副栏。

（3）背诵（Recite）：把主栏遮住，只用副栏中的关键词提示，尽量完整地叙述课堂上讲过的内容。

（4）思考（Reflect）：将自己的听课随感、意见、经验体会之类的内容，与讲课内容区分开，写在卡片或笔记本的某一单独部分，加上标题和索引，编制成提纲、摘要，分成类目，并随时归档。

（5）复习（Review）：每周花十分钟左右时间，快速复习笔记，主要是先看副栏，适当看主栏。

3. 练习的习惯

学习方法一般分为听讲、阅读、视听、演示、讨论、实践、教授这几种。而听讲、阅读、视听与演示这几种方法属于被动学习，所学到内容最多只能保留 30％。而通过讨论、实践、教授等方式学习，所学内容则可以记住 50％至 90％。所以，家长可以建议孩子给家长讲一讲学到的知识或给同学讲题，给别人讲明白了，孩子本人就真正弄懂学会了，这也是将被动学习转换为主动学习的过程。

4. 复习的习惯

家长需要引导孩子将每天所学内容及时回顾复习，这样就能及时将信息进行存储。复习时，可以运用过度学习理论，如果背 4 遍课文恰好把一篇课文背出来，那么再增加 50％的学习量，也就是背 6 遍，就能牢固掌握这篇课文。这样做，作业和考试的准确率都会高很多。

总之，不管是哪一种情况，都要找到原因，针对性指导，找准改进的方向，而找到孩子认同也愿意努力的方向是非常重要的。每次考试后，可以让孩子反思自己没考好的原因是外因还是内因。过分强调外因会减轻自己的压力，但是也会让自己缺乏责任意识。如果是内因，要知道究竟是哪一方面的原因，是自己可控的还是不可控的原因，是稳定的很难改变的还是暂时的比较容易改变的原因。可以指导孩子将内因进行更具体的分类,如稳定还是不稳定的,可控还是不可控的。曾有学生认为自己没有考好的原因是懒惰和没有好的学习策略,在一般人看来这些都是不稳定、可控的内因,但是这个学生却认为自己从小就懒惰,懒惰对自己而言是稳定、不可控的,但好的学习策略却是自己愿意尝试改变的不稳定的可控因素,从此这个学生并没有多做题目,而是开始主动调整学习方法和学习策略,果然进步明显。

第四节　网络媒介素养要培养

业精于勤,荒于嬉;行成于思,毁于随。

——韩愈

孩子在成长过程中,要面对很多诱惑,迎接很多挑战,也会产生很多困惑。从某种意义上来说,家长的教育烦恼和困惑可能更多,其中最棘手的莫过于孩子手机使用与手机管理问题了。上海市某高中开展了一次家长教育困惑的征集活动,结果发现近90%的家长提到孩子的手机依赖和网络成瘾问题。

当下孩子们手机使用的现状如何呢?为什么会有那么多孩子对手机有依赖?家长该如何与使用手机的孩子相处呢?

让我们从三方面来展开探讨,看看如何培养孩子的网络媒介素养。

一、手机使用面面观

　　随着科技发展,手机的使用越来越普遍。有人开玩笑说现在出门不带钱包和现金不要紧,最要紧的是要检查手机带了没有;钱包被偷了也不要紧,只要手机还在心里就不慌。可见手机在我们的生活中有多重要,想让孩子不接触手机、不使用手机是不可能也不现实的。关键在于如何引导孩子用好手机,让手机成为学习、工作和生活的助力,而非影响学习、工作和生活的"罪魁祸首"。

　　手机在我们的生活中能发挥哪些作用呢?手机最大的作用莫过于沟通联系了,用手机打电话、发短信、发微信,与家人、同事和亲朋好友保持联络。休闲娱乐也是手机的重要功能,刷抖音,听音乐听小说,跟着 KEEP 健身,玩电子游戏等,是我们最常见的休闲娱乐形式,可以放松身心,舒缓压力。我们可以用手机发展兴趣,也可以通过手机跟着美食频道学习怎么制作美食。如果我们对种植花草感兴趣,可以在手机上查看各种花草的名称,甚至可以跟着园艺专家去学习怎么让自己家的庭院玫瑰满园。喜欢户外运动的人可以在网上参加户外运动俱乐部,定期参加线上线下活动,还能结识志同道合的伙伴。手机还有查找资料功能、搜索导航功能、购物付款功能等,这些都让生活变得更加便利。手机还可以让学习变得跨越时空,孩子们在疫情防控期间可以用手机上学校或教育频道提供的各学科网课,也可以跨越时空,跟着 TED 学习国内外著名学府、学者最新的研究成果,同时也可以学习演讲的技术,如果愿意,还可以对某一个知识点反复学习。手机的作用还有很多,相信每个人都深有体会。

确实,手机就像一把双刃剑,在给我们的生活带来便利的同时,在孩子成长过程中,手机也可能会带来很多烦恼。网络中负面的信息、非主流的信息也可能在有意无意中进入孩子们的认知系统,孩子们在利用手机的同时也可能被手机束缚。

在孩子小的时候,很多家长若没有时间陪孩子,也许会发现只要给孩子一个手机或者 PAD,孩子立刻就会安静下来。这时候孩子似乎特别好带,不再吵闹着要去外面玩,也不再缠着家长陪自己做游戏。有些家长还会因此洋洋自得,觉得自家的孩子特别聪明,觉得自己找到了带孩子的好方法。

但随着时间推移,家长会慢慢发现,孩子不太愿意跟大人一起出门了,孩子手中的手机似乎不那么容易放下了,甚至有些孩子会通过哭闹的方式与家长"斗智斗勇"。曾有一个家长感慨孩子很小就学会与自己谈条件,不让玩手机就不肯吃饭,因为心疼孩子,只好妥协,把手机给孩子玩;孩子读小学时,不让他玩手机就不肯做作业;而到了读初中时,手机成了孩子生活中唯一的休闲娱乐方式,甚至连作业也不肯做,更严重的是只要不让孩子玩手机,他就扬言要出走了!

有时候我们埋怨孩子在手机使用上没有自控力，管不住自己，其实想想我们大人自己，是不是也是手机不离手？吃饭的时候，看起来是一家人在一起吃晚饭，但每个人都是拿着手机各玩各的，这会让家长对孩子手机的管理毫无权威可言，因为你自己就是这样的。有的家长会抱怨管孩子手机问题时，孩子会说不公平，"凭什么妈妈可以随时用手机和朋友聊天，爸爸可以躺着玩游戏，就我不可以"。青少年阶段是社会学习和榜样学习的关键时期，他们特别在乎公平和榜样，所以我们在抱怨孩子管不住自己用手机的行为时，我们不妨先审视一下自己的行为。家长是孩子的第一任老师，也是接触最多的老师，家长的言行举止对孩子的影响远大于老师和同学。

更让家长担忧的莫过于孩子晚上玩手机了，有的孩子甚至玩到深夜，影响睡眠，影响第二天听课，长此以往必然影响身心健康。青少年时期也被称为叛逆期，越是家长不允许做的事情，孩子为了显示自己长大，证明自己可以自主，就越会去做。也许这时候，家长不吵不骂，只是安静地拿走手机，轻声提醒孩子早点睡觉，反而会让孩子充满愧疚，说不定孩子也就能够安心睡了。

手机，真的是让人欢喜让人忧啊。

二、手机依赖与网络成瘾

下面，让我们一起来了解什么是手机依赖与网络成瘾现象吧。

手机依赖是指使用手机行为失控，导致生理、心理和社会功能受损的痴迷状态。[①] 通常手机依赖又分为社交型依赖、游戏型依赖和娱乐型依赖三种。顾名思义，社交型依赖往往指一段时间没带手机，就担心会错过朋友短信或者未接来电，或者担心别人找不到自己；宁愿用手机聊天，也不愿意和别人面对面交流。曾有住上下铺的两名住宿生，每天当面不说话，却在白天和晚上抽空通过 QQ 聊天，甚至聊到半夜三更。游戏型依赖就是那种把手机当作游戏机，每天忍不住会登录账号去玩游戏，为了玩游戏可以不吃不喝不睡。娱乐型依赖的人可能会放着家里的电视不用，频繁在手机上"刷剧"，或者每时每刻身不由己地会打开抖音，无意识地一条一条浏览，时不时地忍不住发出笑声。不管是哪一种依赖，在使用手机社交、游戏或者娱乐时，情绪会很亢奋，注意力很集中，但是放下手机又会觉得心里空荡荡的、很失落。

除了手机依赖，另一种容易引发家长焦虑的手机使用问题，就是网络成瘾。网络成瘾简称网瘾，是指上网者由于长时间和习惯性地沉浸在网络时空当中，对互联网产生强烈的依赖，以至于达到痴迷的程度而难以自我解脱的行为状态和心理状态。

国家卫生健康委员会 2018 年发布的《中国青少年健康教

---

① 华盛，曾云燕. 高中生手机使用及依赖状况调查和对策研究[J]. 中小学心理健康教育，2013(05)：26—27.

育核心信息及释义》中指出,网络成瘾是指在无成瘾物质作用下对互联网使用冲动的失控行为,表现为过度使用互联网后导致明显的学业、职业和社会功能损伤。其中,持续时间是诊断网络成瘾障碍的重要标准,一般情况下,相关行为需至少持续 12 个月才能确诊。[①]

根据研究,网络成瘾可以分为不同的类型。

第一种类型是网络关系成瘾。这类成瘾者主要通过各种聊天工具和网站聊天室等进行人际交流,沉迷于网络聊天、交友而不能自拔,将网络上的朋友看得比现实生活中的亲人和朋友更重要。

第二种类型是网络购物成瘾。这类成瘾者禁不住诱惑从网络上购买一大堆用不着的东西,有的甚至举债购物,家里货物堆积如山。一些人这样做的主要原因是平时生活、工作压力大,网购可以缓解压力,所以不由自主地以此作为发泄的途径。

第三种类型是网络游戏成瘾。这类成瘾者把大量的时间、精力和钱财花在游戏中,以求在游戏中获得成就感。他们无节制地沉溺于游戏中,因过度玩游戏而忽略其他兴趣爱好和日常活动;明知会产生负面后果却仍沉溺于游戏。

第四种类型是网络色情成瘾。这类网络成瘾者会控制不

---

① 中国青少年健康教育核心信息及释义(2018 版)[EB/OL]. 中华人民共和国国家卫生健康委员会,2018 - 09 - 25. http://www.nhc.gov.cn/wjw/zccl/201809/820dd3db393c43c1a230817e2e4b9fd5.shtml.

住自己沉湎于下载和观看色情作品，深陷其中，严重影响身心发展，甚至有些人还因此触犯了法律法规。

第五种类型是网络信息收集成瘾。这类成瘾者不由自主地花费大量时间在网上搜索或下载过多的对现实生活没有多大意义的信息，有的人在网络上疯狂地下载图片，有的人盲目地下载大量的电子书和各类文献，其实这些资料并没有多少实际意义，下载下来也不会去看。

第六种类型是网络赌博成瘾。网络赌博是指在互联网上进行任何形式的赌博，包括虚拟扑克、赌场和体育博彩。有的人想不劳而获或一夜暴富，受到朋友或者赌博平台诱惑而深陷其中不能自拔，在许多情况下，网络赌博比传统赌博后果可能更严重。这是我国法律严格禁止的事情，无论哪种形式都会使人际关系紧张，干扰工作、造成巨额财产损失，甚至违法犯罪。

互联网络信息中心持续发布"中国互联网络发展状况统计报告"，报告显示，我国网民中，学生群体规模最大，12—16岁的青少年是网瘾高发人群。对于青少年来说，网络游戏成瘾这一种类型较为常见，虽然目前尚缺乏大样本流行病学调查数据，但既往研究显示，游戏成瘾的流行率为 0.7%—27.5%。[1]

---

[1] 中国互联网络发展状况统计报告（第 52 次）[EB/OL].互联网络信息中心（CNNIC），2023 - 8 - 28. https://www.cnnic.cn/n4/2023/0828/c88-10829.html.

世界卫生组织已经将"游戏成瘾"列入精神疾病范畴。但网络成瘾不应被简单定义为一种疾病，青少年过度使用网络往往伴随着其他问题，涉及家庭、学校和孩子自身，问题的改善和解决需要多方共同努力。良好的亲子关系、和谐的同伴关系以及学校支持都能减少青少年对网络的过度使用。网络成瘾是心理疾病，它可以导致青少年出现社会、心理功能受损，也可出现自我封闭，人际交往能力下降，严重的依赖网络，厌恶世界，甚至会出现不同程度的抑郁、偏执等不良的心理状态。出现这种症状一定要引起足够的重视，需要去市区精神卫生中心或者专业医院评估治疗，通常需要长期的药物和心理治疗。

游戏成瘾的原因有哪些呢？根据学校心理健康教育实践经验和研究成果，青少年游戏成瘾主要有以下几个原因。

一是缺乏高质量陪伴。家长虽然可能与孩子生活在同一屋檐下，但是如果仅以管束孩子为主，却不愿意与孩子有精神上的交流，缺少高质量的陪伴，那么亲子之间就会缺少情感上的互动。

二是缺少认同感。很多家长在孩子小的时候经常表扬孩子，但是随着时间的推移，家长渐渐不再鼓励表扬孩子，更多地是针对孩子言行的批评和指责，让孩子觉得自己做什么都是错的，自己怎么努力也达不到家长的要求，从而缺少被认同的感觉。

三是缺乏休闲方式。如果家长从没有教过孩子如何休闲，也缺少休闲娱乐方式的示范，那么很可能导致孩子不会休闲、不会放松，而玩游戏很容易成为最便捷最容易上手的唯一的娱乐方式。

四是缺少成就感。很多游戏的设计让孩子们感受到只要自己足够努力，自己的积分、排名、段位就会提高，这种激励和成就感很强烈，而现实中随着年龄的增长，大人对孩子越来越缺乏表扬，越来越提高要求，特别是学业上更是很难再有小时候的成就感，很容易让孩子更倾向于通过打游戏来获得感官上的快感和满足内心的成就感，甚至成了某些人生命中唯一的成就感来源。

五是缺少情感联结。现代孩子衣食无忧，低层次的需求已经得到满足，归属感、情感等需求是他们更需要得到满足的高层次需求，当人内心空虚、独孤时，手机往往提供了这样的情感联结。

六是缺乏自我控制能力。青少年尚未形成完整稳定的世界观、人生观和价值观，对新鲜事物好奇与探究的欲望十分强烈。一些青少年经受不住其他游戏玩家的蛊惑、宣传，在猎奇心理的驱使下一旦尝试游戏，往往会因为自制力薄弱而深陷其中。

七是沟通和社交能力低。孤独感和网络游戏使用的增加呈正相关，越有孤独感，越容易玩网络游戏。不会沟通、社交能力低的人，往往难以与人建立良好的人际关系，而网络游戏往往提供了与人产生联结却保持适当距离的机会，让沟通能力和社交能力低的人也能在网络游戏中生存,感受不到现实中的那种差异。有的人在内心感到压抑时,通过玩游戏得到宣泄和释放,在虚拟世界获得满足感。

八是存在焦虑、抑郁等情绪问题。很多存在焦虑、抑郁等情绪问题的人往往缺少情绪觉察和情绪管理的有效技巧,因此,精神科医生常常会发现,游戏成瘾是焦虑、抑郁症患者的表现之一,患者将打游戏作为缓解焦虑、抑郁情绪的重要手段,与"借酒浇愁"的作用类似。

三、手机管理新智慧:亲子相处的八个步骤

看起来游戏成瘾背后的原因有很多,简单粗暴地以为手机管理就是不给孩子用手机显然是不现实的。为了指导孩子合理使用手机,也是为了让孩子不至于产生手机依赖和网络成瘾现象,大家可以通过亲子相处的八个步骤来学习手机管理新智慧,看看如何一步一步与使用手机的孩子和谐相处,营造温馨和谐的成长环境。

(一)了解孩子

要想与使用手机的孩子和谐相处,了解孩子是第一步。尝试回答以下问题,看看你对孩子的了解有多少。

(1)你的孩子最欣赏的人是谁?

(2)你的孩子最好的朋友是谁?

（3）你的孩子最亲近的家族成员是谁？

（4）你的孩子最喜欢哪一门学科？

（5）你的孩子将来想成为一个什么样的人？

（6）你的孩子对什么事情最有兴趣？

（7）你的孩子最喜欢玩什么游戏？

（8）你的孩子容易对什么事情生气？

（9）你的孩子最突出的优点和缺点是什么？

（10）你的孩子不开心的时候会做些什么？

当然有人可能会说：孩子不愿意跟我说话，我又有什么办法呢？这时，我们得想一些其他办法去了解他们。我们可以学习心理学理论，了解青少年心理发展的一般规律，如心理学家埃里克森提出的人生发展八阶段理论认为，12—18岁青春期阶段的青少年所有的探索都与自我意识有关，他们逐渐独立，自主性增强，想自己说了算。他们的认同感在小学阶段更多来源于权威的师长，到了初中阶段更多来源于同伴群体，而到了高中阶段则来自自我价值。很多青少年打游戏是为了与同伴有共同话题，这是社会交往的需要。

笔者在2018年底做过一份针对上海市大中小幼学生家长的调查研究，发现家长更关注孩子的学业和身体健康问题，对孩子的生涯发展、人际交往、情绪管理、生活自理、休闲娱乐等缺乏关注，尤其是对孩子的休闲娱乐极少关心，我们忽略了这些方面对孩子当下的生活状态和主观幸福感才是更重要的。一名高三学生曾以时不时玩手机的漫画描绘了自己真实的生活状态：放学回家感到很累，玩会手机休息一下吧，再写会作业，再玩会手机休息一下，因为游戏的时候需要完成一个任务又一个任务，所以玩手机的时间可能控制不住，最终导致作业做到很晚，第二天很困，内心还很自责，甚至引发了激烈的亲子冲突。其实这个同学是把手机游戏当成了一种休闲方式而已。后来他尝试着换一种休息方式，每完成一项作业就跟着KEEP小程序锻炼10分钟开合跳和平板撑，时间可控且大脑休息的效果更好。一个月后，他发现自己不但头脑清醒、成绩提高，而且健身塑形效果显著，晚上睡眠有保障，情绪稳定，亲子关系也和谐了。

如果我们对孩子多一些了解，就会发现孩子玩手机游戏背后的心理需求：也许是打发时间，也许是放松劳累的身心，也许是希望有人能陪他玩，也许是希望能获得成就感，也许是希望逃避现实，也许是希望有人能懂他，也许是认为这样可以学习到新知识，甚至是希望自己将来成为职业玩家或者游戏设计程序员！每一个孩子玩手机游戏的心态不同，需求不同，引导孩子的时候，采用的办法必然也是不同的。

（二）建立关系

当我们对自己的孩子足够了解以后，就可以慢慢尝试着建立良好的亲子关系了。不要认为你的孩子游戏成瘾无药可救，也不要认为你们之间恶劣的亲子关系改变不了，其实只要我们放低姿态，慢慢从改变自己做起，还是可以重新塑造新的亲子关系的。

吃完饭你可以和所有家人坐在一起,大家一起来绘制家庭关系图。用圆圈代表家庭成员,在里面写上名字或者称呼,用圆圈之间的距离表示两个成员的关系远近,用不同的线型表示关系的亲疏。比如你可以用虚线表示关系疏离,不理不睬;用直线表示关系正常;用双实线表示关系亲密,无话不谈;用折线表示时常有冲突。家庭成员之间可以分享各自的关系图,特别需要注意的是,家庭成员越多,人际关系会更复杂。二孩家庭尤其需要注意平衡好大宝和二宝之间的关系,不能因为二宝小,需要照顾就忽视对大宝的关心,更加要避免把两个孩子当成假想敌来培养。

人际关系亲密是很好的支持系统,我们需要探索这些人际关系亲密的人是怎么做到的,去学习他们的相处之道。比如家长把原先的唠唠叨叨改为精心准备每一餐,孩子马上就能觉察这种"久违的幸福"。关系疏离或者发生冲突就要查找原因,想办法缓和。不仅是亲子关系,夫妻关系也是影响孩子的重要因素。有很多孩子因为受不了家长的争吵而躲避在网络中寻找安宁,缺少关爱的孩子也会在网络中寻找关注或关心。根据笔者对高中生的调研,尊重孩子、理解孩子、信任孩子、善于学习并能以身作则的父母是高中生最欣赏的家长,所以我们要从自身做起,加强修炼,成为更好的家长,努力营造温馨的成长氛围,让你的孩子感受到家的温暖,亲子关系一定会更融洽,孩子不仅会愿意与你分享心事,而且也更容易接受你的建议。

(三) 寻找话题

当我们和孩子关系融洽时,我们可以尝试着寻找话题来与孩子沟通。这些话题可以是你们彼此关心的事情,比如教育部关于手机管理条例的规定、升学制度的改革等;也可以是你们当下的困扰,比如你自己人到中年视力老花的问题,让孩子给你提提建议,或者孩子与同学闹了矛盾时,请你站在客观或者孩子的立场去分析问题;也可以是对生命的理解,春天的花、夏天的蝉、秋天的银杏、冬天的雪,说不定孩子会站在更长远、更宏观的角度看待自己的生命成长;也可以是彼此的喜怒哀惧,产生情感的共鸣,增进彼此的理解。当然你也可以和孩子聊一聊你们彼此对生活的感悟、对未来的期待,等等。话题可以是电视上看到的,也可以是同事们在聊的,或者是新闻里听到的。千万不要只和孩子聊学习,好像只有学习才是你最关心的话题一样。2018 年《全国家庭教育状况调查报告》中发现,学生们认为家长们最关注的是学习情况和身体健康,而他们更希望家长们和自己聊聊爱好特长与心理状况。[1]

在各种话题中,引导孩子带着开放的心态,带着好奇心去

---

[1] 全国家庭教育状况调查报告(2018)[R].北京师范大学中国基础教育质量监测协同创新中心,北京师范大学中国教育与社会发展研究院,北京师范大学儿童家庭教育研究中心,中国教育报家庭教育周刊联合发布,2018 - 09 - 16:21—22. https://news. bnu. edu. cn/docs/20180927154939425593. pdf.

关注这个世界，自然而然孩子们就会放下手机，去关注大自然的变化。比如偶然发现窗外的橘子树会在春天开花，以后路过就会抬头带着期待去观察，什么时候开始有小橘子，什么时候小橘子长大了，下雨刮风天哪些小橘子会掉落不能长大，什么时候橘子会成熟变黄。

在这样的关注中，孩子们不仅会对成长有自己的感悟，而且会为了寻找话题而广泛阅读，变得更有内涵；会为了寻找话题而关心国家大事，成为拥有家国情怀、有学识、有文化的人。当他们开始思考自己想成为一个什么样的人，过什么样的生活，为了将来成为这样的人，当下的自己该做些什么准备，当孩子开始思考这些问题的时候，你还会担心他玩物丧志吗？这样的孩子才会始终追寻生命的意义，最终获得人生幸福。

（四）准备充分

亲子沟通与相处也是需要准备的。家长需要选择适切的话题，不同年龄段的孩子话题会有所不同，不同时间点上孩子关注的话题也不同。

需要寻找合适的谈话场所。在学校门口接孩子放学的时候，家长大声指责孩子沉湎手机游戏，在家族聚会时严厉指责孩子玩物丧志，这些都会让孩子没面子。如果要谈话，也不要一边吃饭一边谈严肃的话题，你们可以吃完饭，收拾好碗筷，大家坐下来，面对面交流。

需要寻找合适的时机。一边看电视一边教育孩子显然是不合适的；当孩子关着房门在房间里聚精会神打游戏的时候，家长隔着房门与他聊人生、谈考试，肯定也不是一个合适的时机；第二天要等级考了，孩子正紧张复习，家长却因为孩子吃饭时对自己态度不好而与他讨论中华传统礼仪问题，这时也不是一个最好的时机。

家长还需要学习适当的沟通策略并坚持在实践中加以落实。家长可以参加一些家庭教育指导课程，也可以阅读一些沟通技巧类的书籍，先在伴侣或者同事身上"演练"，等熟练了再运用到孩子身上。

（五）积极倾听

从"听"（聽）字的繁体字结构上，我们知道积极的倾听不仅要用耳朵听，还要用眼睛去观察，更要用心去感悟。2018年《全国家庭教育状况调查报告》显示，初二的孩子们会很反感家长有这样一些行为，如自己做错事情的时候，家长总是不听解释就批评自己；家长从不认真回答自己提出的各种问题；家长从不认真听自己把话讲完，总是打断自己；当自己与家长有不同意见时，家长从不允许自己表达观点；家长要求自己做某件自己不愿意做的事情时，从不会向自己耐心说明理由。[1] 各位

---

[1] 全国家庭教育状况调查报告（2018）[R].北京师范大学中国基础教育质量监测协同创新中心，北京师范大学中国教育与社会发展研究院，北京师范大学儿童家庭教育研究中心，中国教育报家庭教育周刊联合发布，2018 - 09 - 16：8 - 9. https://news. bnu. edu. cn/docs/20180927154939425593. pdf.

家长,你们能感受到孩子们的委屈吗?因为有委屈,所以孩子们才会到网络中寻找答案,或者在网络游戏和网友中寻求理解与支持,而网络中的信息真伪难辨,孩子的价值观、世界观和人生观慢慢受到网络影响,越来越让我们难以接受。

如果你耐心倾听,也许你会了解到孩子放不下手机现象背后有这么一些心理诉求:我有我的社交圈,网络不仅是我们联系的途径,而且网络游戏让我们有了交流互动的话题;网络中的游戏体验让我感受到被尊重;我的生活里不只有学习,我也需要娱乐,需要放松;在游戏中,我能够叱咤风云,即使失败了,也可以从头来过,它能带给我成就感;游戏中的规则是既定的,只要我努力,计分一定会上升,我的努力是能看得到效果的,而学习并不是如此。

了解孩子手机依赖行为和网络成瘾现象背后的心理诉求是很重要的,只有了解了这些,我们才能在日常生活中更有针对性地指导孩子,弥补不足,让孩子不至于只能通过网络去满足这些需求。

(六)对话表达

心理学中有一个词叫"习得性无助",指的是总是说孩子不行,孩子就会真的觉得自己不行,遇到困难,就会退缩,连尝试的勇气也没有了。有人说,没有人能在被纠正、被指责、被批评、被训斥的情况下把事情做好,孩子如此,成人也是如此。一名高二女生曾经在朋友圈发长文来表达对妈妈与自己之间对话的无能为力。当她被妈妈训哭的时候,妈妈说:一说就哭,有什么好哭的! 她只好忍着。妈妈又说:我看你一点都不知道悔改,我说了那么多,你一点反应也没有! 最后她还是被训哭了。当她低着头的时候,妈妈说:你头一直低着,这是什么态度啊? 当她抬头与妈妈对视的时候,妈妈说:看什么看,你不服气啊? 当她沉默的时候,妈妈说:我说了你这么久,你一句话也不回是什么意思啊? 当她试图开口的时候,妈妈又说:谁给你的勇气竟然反驳我? 这名女生彻底迷惑了,到底要自己怎么办呢? 如果我们把孩子逼得无处可逃,网络就会成为他们躲避的好去处,更何况网络上还可能会有"好心人"对他们很热情很温暖,最终陷入骗局。你希望自己的孩子经历这些吗?

在亲子相处中,孩子们最反感家长说的话有很多,比如:除了玩手机,你还会干什么? 手机能帮你考大学吗? 不学好,手机里尽是狐朋狗友,把你也带坏了! 我是不会再相信你了,你做过的保证什么时候做到过! 再玩我就把手机砸了,以后再也不给你用手机了!

这些话让他们觉得父母夸大了手机对自己的影响,好像手机就是洪水猛兽,而实际上,他们可能是在用手机学习知识,可能是在用手机画画。而且这些话让他们感受到父母对自己的不信任、不尊重,甚至鄙视——既然你们不信任我,我也索性就如你们所愿,与你们对着干! 而且他们又会发现父母就是发狠说说而已,就算当时因为生气把手机砸了,过几天又会把用过的旧手机给自己，或者在心情好的时候买一部新手机。出尔反尔让家长的权威被降到极低，以后的教育效果大打折扣。

家长不如换一种表达方式，带着欣赏的眼光，寻找孩子的优势，并用合适的语言表达出来。如果让家长寻找孩子的优点，一开始肯定会有家长认为一条也没有，但是真的仔细找找，也许找到30条优点也不是难事。是孩子突然变好了吗？不是，只是我们看待孩子的角度和方式变了而已。

在表达时，大家可以试试这个句式：虽然……（缺点），但是……（优点）。比如把"虽然你昨晚有节制，但是你太喜欢玩游戏了"改为"虽然你喜欢玩游戏，但昨晚还是很有节制的"。不同的表述给孩子的感受会完全不同，孩子后续的行为也会很不同，家长不妨试试看。

盖瑞·查普曼在《爱的五种语言》一书中提到，肯定的语言可以是称赞的语句，也可以是鼓励的语句，还可以是温暖的建议和感谢的表达，[①]你也可以试试看。"我发现你每天晚上八点就做完作业了，手机使用也很有节制，效率高，自控力强，真棒！"这是称赞的语句。"虽然这次成绩不佳，但是至少找到了知识的薄弱环节，找到了下次努力的方向。""虽然最近成绩没变化，但你还是很努力的。只要坚持下去，你一定会见到效果的。"这些都是鼓励的语句。"如果下次你睡觉时把手机放

---

① 盖瑞·查普曼. 爱的五种语言[M]. 北京：中国轻工业出版社，2006：173—175.

在客厅充电就更好了。"这些是温暖的建议。"谢谢你帮妈妈解决了数据统计的难题！你的信息技术学得不错，能派上用场了！"这些是感谢的表达。

(七) 指导具体

当我们希望孩子养成某种好习惯或者改掉某种坏习惯时，需要进行具体的指导。比如情绪管理中，你需要了解孩子在什么情况下会有什么样的情绪反应，这种情绪反应的强度如何，也要了解孩子常用的情绪调节方法，效果如何。我们可以指导孩子做这样的梳理，然后根据实际情况找到更适合自己的情绪管理方法。有的人经过梳理会发现自己在享受美食的时候最容易缓解焦虑，但他的同学却是采用打游戏的方式宣泄压力效果最好，另一个同学却是睡一觉后情绪大好。

在手机管理上，学校有相应的制度规定，家庭在给孩子手机的时候也应"约法三章"。这不仅是一种约束，更是一种指导，让孩子明确自己的权利和责任，其中包含对孩子的信任和期待，对孩子的自控力也是一种培养。

此外，家长还要指导孩子注意网络安全问题。

(八) 实践跟进

改变不是一朝一夕的事，需要家长耐心在生活实践中跟进指导。比如情绪管理问题，需要我们了解发生了什么，辨析这些事情发生后孩子的情绪和行为，分析产生这样的情绪和行为是因为什么样的认知和想法,接下来引导孩子换一个新的想法,来引发新的积极情绪,进而产生新的行为。时间长了,这些新的想法就会变成自动化的想法,不需要我们去引导,孩子自己就会形成,情绪管理的能力自然也就增强了。

很多家长担心孩子在寒暑假会沉湎于手机游戏,其实你可以和孩子商讨,共同设计寒暑假生活记录表,将每天要做的事情记录下来,完成的项目打勾。你每天下班稍微看一下就知道孩子的完成情况了。刚开始几天,请一定要仔细查看那些打了勾的任务是否真的认真完成了。如果完成得好,后面一段时间,就可以变成抽查。等孩子养成习惯后,就可以放心让孩子自己管理自己的事情了。对于玩游戏这样的休闲娱乐方式,也可以放在表格中"合法化",很多孩子反馈,当家长允许自己有一定的自由空间,允许自己"合法"玩游戏时,玩游戏反而不"香"了。

家长都希望孩子将来社会适应能力和综合能力强,所以请务必在生活中尽可能提升孩子的自我效能感,可以参考以下途径或方式:家人之间相互照顾;孩子参与家庭决策;分担家务;对自己的学业负责;学会调节自己的情绪;对自己的成长负责。家长要尽可能创造机会,鼓励并带领孩子参与各种社会实践活动。这样孩子就能在日常生活中提升自我效能感,也就不会到网络游戏中去寻找成就感了。

冰冻三尺非一日之寒,孩子养成良好的行为习惯需要一个过程,需要一定时间。我们只有从自己做起,学会这亲子相处的八个步骤，并灵活运用，才会更好地助力孩子健康成长。

四、网络媒介素养培养

随着社会的发展，尤其是信息技术的发展，网络已经成为人们生活中必不可少的一部分，网络媒介素养也已成为信息时代每个人都必须具备的综合素质的一方面。对青少年来说，网络媒介素养更为重要。

媒介素养是指正确地、建设性地享用大众传播资源的能力，能够充分利用媒介资源完善自我，参与社会进步。主要包括利用媒介资源动机、使用媒介资源的方式方法与态度、利用媒介资源的有效程度以及对传媒的批判能力等。当我们看到一条新闻时，我们会自动加上自己的主观想法，会作出自己的评判，这就是自身媒介素养的体现。随着时代的发展，媒介素养的内涵也随之延伸，既包含人们面对传媒信息时的选择能力、理解能力、质疑能力、评估能力、创造和制作能力以及思辨性回应能力，也包括人们合理利用媒介传播信息为个人、社会发展所用的能力。

中国互联网络发展状况统计报告显示，青少年最常采用的网络生活方式中，前四种依次为网络音乐、即时通信、网络新闻、网络视频。他们接触媒体的大部分时间被用来从事与学校学习无直接联系的活动。对尚处于价值观、人生观、世界观形成阶段的青少年来说，获取必要、充分的信息对他们以后的发展是至关重要的,但如果只是无针对性地接受洪水般的媒介信息,会造成内心的紧张和焦虑,长期陷入信息海洋中,就会无所适从。因此,提升网络媒介素养,至少需要做到以下三点。

第一,要学会通过网络媒介选择信息并甄选信息。

青少年首先需要提升自己的信息收集、选择与甄选能力。在面对一条信息时,青少年需要思考:该信息是属于什么内容?信息完不完整?信息来源是哪里?对该信息进行完整的分析。然后还可以想一想:该信息的内容符不符合基本道德?来源可不可靠?这种分析评价信息的能力是青少年在培养媒介素养时的必备能力。能学会区分主流文化与非主流文化,不以讹传讹,不盲目相信所谓网红的言论。

第二,要学会利用网络丰富生活,提升综合能力。

青少年要学习并合理利用各种网络平台,与时俱进加强学习,拓宽自己的知识面,发展自己的兴趣,充实自己的生活,增强社会交往,提升综合能力。善于寻找并下载利用有益的APP,让网络真正成为丰富自己生活,促进自己成长的工具和平台。尽可能利用网络各种优势资源,让自己有机会学到更多知识,认识更多朋友,发展充足的兴趣爱好,提升自己的综合能力。

第三,要学会在网络媒介中自我保护。

网络不是法外之地,在学会甄别网络信息的同时也要做好自我防范。在网络平台上,无论是个人信息与隐私,还是人际交往中的界限，或者投资理财的安全防范，都需要青少年做好保护与自我保护，既不随意泄露个人信息，也不违法乱纪、肆意妄为，不做诸如违反国家信息安全或者对他人网暴等言行。在遇到麻烦和问题时，学会及时寻求监护人或法律的保护，通过司法途径，合理合法解决问题。

第二章

陪伴成长
——与孩子一起直面成长的烦恼

陪伴式成长,和孩子一起成为更好的自己。

——苏珊·施蒂费尔曼

美国著名家庭治疗师、心理学家、作家苏珊·施蒂费尔曼女士写过一本书——《陪伴式成长,和孩子一起成为更好的自己》。书中告诉我们养育孩子的过程也是我们成人"内心的小孩"慢慢成长的过程,微妙的亲子关系中有幸福也有挑战,一方面我们需要以开放、尊重、理解的心态对待孩子,发自内心地接纳他们,帮助他们成长为一个身心健全的人,另一方面养育孩子的过程也是亲子双方共同成长、彼此疗愈的过程。换句话说,教育孩子是在自己不断成长的过程中完成的。难怪有人说:陪着孩子一起快乐健康成长,是我们最重要的事业。

陪伴成长,首先要从与孩子一起直面成长的烦恼开始!

第一节 当青春期遇上更年期

青春并不是指生命的某个时期,而是指一种精神状态。

——塞缪尔·厄尔曼

随着孩子慢慢长大，家长慢慢人到中年，变老是不可逆的趋势，精力、体力、记忆力等都会明显退化。尤其在情绪方面，孩子进入青春期，会有一些不同于其他年龄段的情绪特点，通常情绪体验丰富，情绪波动大而不稳定，情绪反应容易两极化。同一个人在同一天内可以心花怒放，喜不自胜，春风得意，也会愁眉苦脸，甚至痛不欲生。而家长人到中年，常常会出现一些更年期综合征，出现失眠、月经不调、烦躁、情绪不稳定、易激动、阵发性潮热出汗、心悸、失眠、乏力、多虑等症状。大家可以想象，当家长自己进入更年期，孩子正处于青春期，所谓"当青春期遇上更年期"时，很多家庭会因为家庭成员的情绪问题而引发激烈的矛盾冲突。这在电视剧《青春期撞上更年期》中被表现得淋漓尽致。

有人把青春期比喻成疾风骤雨式阶段，陪伴这个阶段的青少年，就像陪同一头老虎，你得小心翼翼。当暴风雨来临时，家长不要试图去平息"暴风雨"，而是应该平复自己的心情，耐心等待暴风雨结束，因为风暴总会过去。在这一阶段，家长和孩子的情绪觉察、情绪识别、情绪表达和情绪管理都很重要。

一、都是情绪惹的祸——觉察情绪

人类情绪很复杂，内涵也很丰富。汉语中有很多用来表达情绪的词汇，比如说喜极而泣、乐极生悲、感激涕零、怒火中烧等,还有一些复杂情绪甚至没法用语言来描述,只可意会不可言传。青春期的青少年情绪更加复杂,在青少年中也流传着一些表达情绪的网络用语,如"emo""芭比 q 了"等。

高二学生小九最近心烦意乱,诱因是等级考的学业压力和家里买新房子的经济压力。一开始小九只是觉察到自己很难受,他并不知道这种情绪到底是什么,更不知道怎么去缓解,但他发现坐在窗台上或者走到顶楼天台会让自己感觉舒服一些。

事实上,小九的父母最近也很烦。小九的爸爸是保险公司的一名经理,最近工作不是很顺利,他担心业绩不好会影响收入,担心自己会被妻子嫌弃,也担心自己会被儿子看不起。

小九的妈妈是一名成功的大律师。可是别人只看到她事业有成,收入丰厚,却不知道她背后付出的努力,除了工作上忙碌,就连家务事、孩子的教育都得她来操心。

每天吃饭时是小九一家人难得相聚的时间,但是气氛却不那么温馨。这不,小九妈妈看着坐在她对面埋头吃饭的父子俩,忍不住抱怨丈夫工作上不努力,不帮她分担家务,不用心教育孩子……小九妈妈又对儿子说,要努力读书,一定要把等级考考好,将来考个好大学,学个好专业,找个好工作……而被抱怨和批评的父子二人头更低了,吃饭的速度也更快了,然后就像逃一样离开饭桌。这让小九妈妈更加生气。

最近,小九发生了爬上窗台透气的危险行为,小九妈妈想不通,给孩子创造了这么好的生活条件,为什么孩子还会出现情绪问题。事实上,正处于青春期的小九,本身情绪就不稳定,容易受外界环境的影响。每天吃晚饭的时候,那种受指责的氛围让他感到很压抑,恨不得放下饭碗离开饭桌,但是又怕引发妈妈更多的责怪。当父母因为他的学业或者其他教育问题而争吵时,小九就会产生一种强烈的内疚感。最近学习压力比较大,也让小九有一种无力感,担心自己会考不好,辜负父母的期待。

人的情绪变化可能受家族遗传、教养环境、个性以及发生的琐碎的诱发事件的影响。暴躁的家长很容易教养出脾气暴躁的孩子,孩子看到发火会让别人害怕而服从,以后就会模仿这样的方式来让别人听从自己。有些人性格急躁外显也会更容易生气,小九妈妈就是如此。小九爸爸洗菜动作慢和抱怨等这种琐碎的小事也会诱发小九妈妈愤怒的情绪。如果小九妈妈能及时觉察到自己的情绪变化,能觉察到小九爸爸的情绪变化,可能有些冲突就不会产生了。如果小九妈妈能觉察到身处青春期的儿子的情绪变化,并尝试着去了解儿子内心的想法,也许就能尽早协助小九减轻所感受到的学业和经济压力,进而让情绪不至于那么崩溃而做出爬窗台和上顶楼那样的危险行为。

情绪的觉察是一种能力,我们首先得知道情绪是怎么一回事。

《心理学大辞典》对情绪是这样定义的:情绪,是有机体反映客观事物与主体需要之间的关系的态度体验。它由主观体验、情绪的外部表现和人的生理基础三个部分组成。

青少年情绪发展有其独特的年龄特点,主要表现在以下四个方面。

(1)情绪起伏大,变化迅速。青少年自己也会感觉到,自己的情绪常常会突如其来发生变化,瞬间就会有焦躁、焦虑、愤怒、伤心或开心的感受,却可能没有什么征兆或特别的原因,而下一时刻可能体会到另一种情绪。

(2)情绪体验强烈。无论是愤怒、憎恶、焦虑、躁动,还是喜悦、喜欢、开心、热爱、快感等,青少年体验到的通常都是这些情绪的高强度状态。

(3)情绪反应敏感。青少年常会在意别人对自己的关注,对别人的讨论或品评敏感。别人的表扬会瞬间改善他的心情,并会从中产生巨大的行动动力。与此同时,别人的批评或负面评价也会对他产生极大的伤害,致使他情绪低迷、难过,对事情失去兴致,没有积极行动的意愿。

(4)面对压力时的生理反应大。当感受到压力时,可能会出现失眠、没有食欲、头痛、胃痛、出汗、心率加快等强烈的生理反应，也可能导致频繁的情绪爆发。

那么青少年的情绪变化主要受哪些因素影响呢？

一是外部环境。

青少年成长的外部环境影响包括社会影响、学校影响、家庭影响和媒介影响。社会价值观念的多元和冲突会使青少年陷入迷茫，社会事件背后体现出的极度利己主义、拜金主义、法律观念淡薄、出格的婚恋观，也会在很大程度上冲击青少年的价值观。

学校影响方面，老师和同伴对青少年的情绪影响巨大，老师的负面评价或者不公正对待可能让青少年直接丧失学习动力，相反，老师的肯定和认可会激发青少年对该学科的学习热情。此外，同学之间人际互动也会引起青少年的情绪波动。

家庭影响方面，和谐稳定的家庭环境是青少年成人成才的宝贵土壤，而充满暴力、争吵、冷漠的家庭环境会严重影响青少年的情绪，家庭给予的压力也容易让青少年情绪出现困扰，在不少青少年厌学、抑郁、焦虑等心理困扰的背后，往往能发现家庭影响的作用。

媒介影响方面，相比于过去，现在网络及各种媒体的普及，使得青少年获得信息的渠道更为广泛，纷繁复杂的信息中很难辨别优劣真伪，从而引发网瘾、毒瘾、赌瘾、酒瘾，也会导致青少年的不良情绪。

二是青春期的身心变化。

青少年的生理发育日趋成熟，在行动能力上也趋近于成人，但是心理上的发展却相比生理上要迟滞一些。在这个阶段，他们更加关注自我，也会审视自己的内心世界和性格特点。一方面，他们希望获得他人的认可；另一方面，当他们的自尊心受损时，也容易引发强烈的情绪反应。

三是认知局限。

青少年的思维模式是从经验向理论，形象向抽象过渡的过程，他们开始发展独立性和批判性思维，但是比较容易片面思考问题，会强调事物的某一方面而忽视另一方面。比如他们有社会上全是坏人或者全是好人、成绩好坏是由智商决定的等认知局限。对于青少年而言，由于缺少社会经验，他们常常也会陷入极端思维中，比如认为考不上大学人生就完了。在面对升学的选择和迷茫时，会产生强烈的心理冲突，这种内心的挫折感是他们陷入情绪困扰的重要原因之一。

二、我到底怎么啦？——识别情绪

很多时候，青少年的情绪很复杂，作为当事人往往很难说得出自己到底处于哪一种情绪状态，更说不清楚自己为什么会出现这样的情绪状态。曾有学生说自己每天都很"烦"，后来发现，这个"烦"里面既有愤怒情绪，也有焦虑情绪，还有紧张和担忧情绪。也有学生整天把"无聊"挂在嘴上，后来发现，这个"无聊"主要是由抑郁和恐惧情绪组成。而作为与青少年最亲近的家长，可能也很难准确说出自家孩子的情绪状态，因为不了解孩子的情绪状态,所以有时候会在孩子已经很愤怒的时候还去激惹孩子,导致亲子激烈冲突,在孩子自豪和高兴的时候泼冷水,打击孩子的自信心。

有一部根据真人真事改编的美剧 *Lie to Me*（中文剧名《别对我说谎》),该剧讲述了主人公卡尔·莱特曼博士以及他的团队能根据人无意中的一些细微动作或微表情,如抓挠下巴、扳手掌、摸鼻子或者咽口水等细微的言行举止来判断当事人的情绪状态,并做出是否撒谎的判断。

事实上,我们都没有受过专业训练,我们不可能具有电视剧中卡尔·莱特曼博士和他的团队所具有的专业能力,但我们还是可以学习如何去识别自己以及他人的简单情绪。

首先,我们知道情绪是有种类的,我们常把喜怒哀惧看成是四种基本情绪,事实上随着人类社会的发展,人的心理世界也越来越丰富,人的情绪也越来越复杂,根据情绪的强烈程度和愉快程度两个维度,我们可以将情绪区分为更多更复杂的类别。

对青少年来说,常见的情绪困扰主要有四种,分别是抑郁、焦虑、愤怒和恐惧。

（一）抑郁情绪

抑郁是一种由低落、悲伤、冷漠、对自我/他人和未来都抱有绝望感等情绪构成的状态。根据抑郁的程度轻重,抑郁情绪又可以分为轻度抑郁、中度抑郁和重度抑郁几种。

抑郁情绪的表现比较明显，当发现孩子在一段时间里出现以下现象时，家长就要引起关注了：

（1）认知上容易悲观看待事物。出现自卑、内疚，消极的自我评价，夸大自己的缺点、问题的难度以及失败的可能性等现象；

（2）情绪上表现出悲伤的情绪。如感到心理压抑和苦闷，烦躁、易怒；

（3）行为上懒散被动、言语动作迟缓；

（4）生理方面，常面容忧虑、冷漠，经常性叹气，食欲不振，失眠。

但是我们也需要注意，抑郁情绪并不等于抑郁症，两者还是有明显区别的。

抑郁情绪是指人们出现的一种抑郁感觉，当人遇到精神压力、生活不顺、糟糕境遇、疾病痛苦、亲人离世等情况时，或多或少会产生抑郁的情绪。

抑郁症是一种精神疾病，它表现出的抑郁症状与遇到应激事件后出现的抑郁情绪在性质上完全不同。抑郁症的主要临床症状是连续而长期的心情低落，是现代人心理疾病中最重要的一种类型。是否得了抑郁症还有很多指标，具体要以精神科医生的专业诊断为准，切不可自行在网络上随便做一个心理测试，或者对照一些书籍上描述的症状就妄自判断自己得了抑郁症。

由于抑郁症对青少年的身心健康有重要影响，2021 年，中华人民共和国教育部、国家卫生健康委员会明确将抑郁症筛查纳入学生体检范围,但具体的操作细则还有待实践探索。

青少年为什么会出现抑郁情绪困扰呢?根据调研和实践经验,我们发现抑郁情绪困扰的产生主要受以下一些因素影响。

一是个体因素影响。如对自己要求过高,经常将错误归咎于自己、看待问题的视角单一、容易钻牛角尖、总是用非常苛刻的标准来要求自己的人更容易出现抑郁状态。

二是家族遗传影响。有研究表明,抑郁青少年中有约50%的人的父母至少有一人曾患抑郁症。

三是人际关系影响。这是诱发青少年抑郁最常见的外部因素。例如,遭受霸凌、表白被拒、被误解、亲子冲突等都可能会伤害青少年敏感的心灵,从而诱发抑郁情绪。

四是学业压力影响。这是诱发青少年抑郁的重要外因。例如,成绩一向很优秀的青少年对考试失败没有心理准备,或者是在重要的考试中失利,都会给青少年带来心理上的强烈刺激而导致抑郁情绪。此外,对起始年级学生来说,若在原来的学校里属于成绩好的学生,而在新学校优秀学生集聚,竞争激烈,如果自身不再具有优势,心理上的巨大落差也会引发青少年抑郁情绪。

五是其他因素影响。如睡眠不规律、体育活动少、健康状态差等因素都与青少年的抑郁相关。

（二）焦虑情绪

焦虑是由紧张、焦急、忧虑、担心和恐惧等感受交织而成的一种复杂的情绪反应。它可以在人遭受挫折时出现，也可能在没有明显的诱因时发生。焦虑总是与精神打击以及即将来临的、可能造成的威胁或危险相联系，主观上感到紧张、不愉快，甚至痛苦和难以自制，并伴有植物性神经系统功能的变化或失调。

焦虑是最常见的一种情绪状态，比如临近考试了，自己却没有复习好，就会紧张担心，这就是焦虑情绪。这种焦虑是一种保护性反应，也称为生理性焦虑，这时，通常人会抓紧时间复习应考，积极去做能减轻焦虑的事情。当焦虑的严重程度和客观事件或处境明显不符，或者持续时间过长时，就变成了病理性焦虑，称为焦虑症状，符合相关诊断标准的话，就会被诊断为焦虑症。

焦虑情绪有以下一些典型表现：

（1）认知方面：认为自己必须成功、不能失败；

（2）情绪方面：紧张、担心、急躁、易怒、情绪激动；

（3）行为方面：逃避、退缩、拖延、难以集中注意力；

（4）生理方面：坐立不安、肌肉紧张、失眠。

青少年常见的焦虑类型有学业焦虑、体像焦虑、人际焦虑等。学业焦虑最为普遍，而学业焦虑中的考试焦虑最为常见。考试焦虑是指因考试压力过大而引发的一系列异常生理心理现象,包括考前焦虑、临场焦虑(晕考)及考后焦虑紧张。心理学认为,心理紧张水平与活动效果呈倒"U"形曲线关系,紧张水平过低和过高,都会影响成绩。适度的心理紧张,可以使人对考试有种激励作用,产生良好的活动效果。过度的考试紧张则导致考试焦虑,影响考场表现,并波及身心健康。

焦虑也不等同于焦虑症。焦虑是人们对情境中的一些特殊刺激而产生的正常心理反应,只是每个人经历的时间长短不一或程度不同。只有当焦虑原因不存在或不明显,焦虑症状很突出而其他症状不突出,焦虑的持续时间及程度均超过一定的范围,以至于影响正常的生活、学习、工作时,才可以认为患了焦虑症,又称之为焦虑性神经症。

(三)愤怒情绪

愤怒是当愿望不能实现或为达到目的的行动受到挫折时引起的一种紧张而不愉快的情绪状态。

愤怒是人的正常生理反应,它与人体的"战斗或逃跑反应"系统关系密切。这套系统帮助人类的祖先在野外环境对抗或逃脱敌害,人体在这套系统的驱动下超负荷运转,做好在瞬间"爆发"(反击或者逃跑)的准备。许多动物也有类似的本能反应,让它们能做好在瞬间反击或者逃跑的准备。在动画片《愤怒的小鸟》中有一只天生拥有黑粗眉的小鸟——胖红,它走到哪里都被嘲笑或无视,而暴躁脾气让它更加孤僻。从这部动画片中我们可以发现,愤怒是具有强大破坏力量的一种情绪状态。但愤怒也是有积极功能的，如果我们能觉察到自己的愤怒，就会发现一定是哪里出了问题，这在一定程度上也增强了找到解决方案的动力。

　　处于青春期的青少年像愤怒的小鸟一样易怒易激惹，尤其是处于青春期的男生情绪失控后，更容易因冲动导致言语和行为失控，引发同伴之间、师生之间、亲子之间的人际冲突，甚至有的人逃学逃家，极个别的还会产生严重攻击行为。攻击行为对外，很可能会伤害他人；攻击行为对内，就会伤害到自己。例如，有的青少年生气的时候忍不住用手捶桌子或者墙壁，一不小心，手部就会受伤。还有些青少年在愤怒的时候喜欢生闷气，如果哪一天受到什么事件刺激，或者脾气憋不住了，很有可能爆发一些恶性事件。青少年时代愤怒情绪没有管理好，不仅对青少年个性发展和社会交往不利，而且长大后很容易因为处理不好愤怒情绪而引发更大的问题，严重的甚至造成人格障碍，进而影响整个人生的走向和发展。有些家长在辅导孩子读书时，会血压上升，气急败坏，甚至有些人会忍不住打骂孩子，这是愤怒情绪对外表达，而家长自己气得用手捶墙导致骨折的情况则是愤怒情绪对内表达，最终导致伤害自身的情况。如果在开车时因为处理不好愤怒情绪，很容易导致开赌气车或者引发更大的矛盾冲突，给自己和他人的生命财产带来安全隐患，这就是人们常说的"路怒症"。这些都说明无论青少年还是成年人，都需要学习对愤怒情绪的处理。

　　有些人从来没有被家人教过如何处理愤怒情绪，平时可能会习惯性地忍气吞声，在别人眼中甚至可能是一个内向、脾气好的人，但是忍耐总有限度，积累到一定强度，终有一天会达到爆发的临界点，这时可能一件很小的诱发事件都会点燃内心忍耐已久的愤怒，然后一触即发，爆发出来。人在失控之下，会说出很多让自己事后后悔的话，或做出很多事后无法弥补的举动，导致不可收拾的局面，冲动伤人往往就是如此。

　　更何况，还有很多人本身就是脾气暴躁，一遇不顺心的事，肾上腺素会突然上升，导致愤怒爆发，更不用说确实发生一些惹人生气的事情了。一些脾气急躁的家长在辅导孩子写作业的时候往往特别容易生气，这与家长的个性心理有关，也与家长的情绪管理能力有关。

　　对于愤怒情绪，最好的做法就是等待怒气消解。研究表明，愤怒持续的时间不超过 12 秒钟，就如暴风雨一般，爆发时摧毁一切，但过后却风平浪静。所以如果能想办法度过这关键的 12 秒，就可以让怒气自然消解。可以做深呼吸，或者在心中默数 1 到 10，当做完这些的时候，也许我们会发现，其实自己已经没有那么生气了。此外，我们可以换一种说法来表达自己的情绪，也许会让沟通的双方感觉好很多。"我不希望看到你在半夜玩手机"，这句话比"要是你再玩手机，我就把手机砸了"可能更有效。

　　有时候我们会发现对自己生气发怒，比起对别人生气发怒要容易得多，这种自责型愤怒的人往往会把所有的过错揽在自己身上。而长期将过错揽在自己身上，将愤怒藏在自己的内心，容易产生对自己的失望和不满，久而久之甚至会导致抑郁症。其实，我们可以客观分析问题，哪些是与自己无关的外界因素，哪些因素与自己有关，自己在其中到底有多少责任，哪些是可以改变的，然后聚焦这些可以改变的地方去努力。

（四）恐惧情绪

恐惧是一种因感受到威胁而产生并伴随着逃避愿望的情绪反应。恐惧情绪的特点是对发生的威胁表现出高度警觉。常见的生理反应有心跳猛烈、口渴、出汗和神经质发抖等。恐惧是一种人类与生俱来的本能，因为恐惧，所以我们不会盲目行动，因为恐惧，所以我们会想办法保护自己和家人。所以，从某种程度上说恐惧可以激发我们免受危险的侵犯。

而恐怖症是一种过度恐惧的病态形式。患者对某些事物，比如狗、黑暗、灯光、人群等体验到一种极度和非理性的害怕，所产生的恐惧感受与现实刺激的危险性不相协调。

有些严重的恐怖症，如社交恐怖症、学校恐怖症等对青少年的学习和生活影响很大。下面，就让我们逐一来了解。

1. 社交恐怖症

社交恐怖症是一种对任何社交或公开场合感到强烈恐惧或忧虑的精神疾病。有些患者对参加聚会、与人沟通会感到困难，甚至会感到心跳加快、出冷汗、言语结巴、脸红耳赤、无所适从等。

有的家长可能会想：我的孩子小时候特别黏自己，随着年龄的增长，越来越不愿意跟大人出去应酬，喜欢"宅"在自己房间里，甚至去看爷爷奶奶也不情不愿，去了也不愿意跟大人交流，这种情况是不是得了社交恐怖症呢？

其实家长不用担心，随着年龄增长，青少年独立意识逐渐增强，尤其是进入青春期以后，这种不愿意跟着家长一起聚会的情况还是很普遍的。也许是因为孩子学业负担重，作业都来不及写，所以不太愿意把时间花在点菜和闲聊上。也许是因为孩子需要独处的时间和空间，跟大人出去会觉得不自在，聚会的人不一定与自己熟悉，也不一定会与父母的朋友有共同的话题，无话可说会觉得很尴尬。还有很多孩子会厌烦家长和聚会的人总是询问自己在什么学校读书，成绩怎么样，这些话题让自己备感压力，所以孩子们宁可不去。更何况，当大人们出去了，家里就剩下自己，脱离父母的管控，一个人在家会觉得更加自由自在。

所以，如果孩子仅仅是不愿意跟大人一起出去，我们不妨试试去了解孩子和朋友在一起是什么表现。如果孩子与自己的朋友在一起时，像个话痨一样话题很多，聊起来神采飞扬，那就肯定不是社交恐怖症了。

青少年常常用"社恐"来自嘲自己不太擅长社交，用"社牛"来形容人缘好、会社交的人或作为自己努力的方向。这也说明了青少年对社交发展的需要。

2. 学校恐怖症

顾名思义,学校恐怖症就是对学校有恐惧心理,是一种较为严重的心理疾病。如果孩子没有充分的理由而害怕、逃避或拒绝上学,家长们就要注意了。

学校恐怖症和厌学、拒学问题往往有密切关系,常常表现为对学校的恐惧,拒绝上学;离家去上学时会出现头痛、恶心呕吐、腹部不适等症状,这些症状一回到家就会自动消失;怕与父母分开,怕老师,怕其他同学,怕被提问或背书等。学校恐怖症的原因多与心理因素或错误的教育方法有关。学校恐怖症一般常见于起始年级学生,如小学一年级、初中预备班、高一学生,往往与学校适应不良有关。在考试前夕,学校恐怖症也更容易被诱发。

曾有家长在孩子读幼儿园时,一直用"等你上小学了,让老师来收拾你""等你以后上学了,你就不可能天天这样玩了,作业会很多"之类的话来吓唬不乖的孩子。家长从小就在孩子心中埋下了恐惧上学、老师很凶、小学不好玩的烙印。所以孩子还没上小学就已经心怀恐惧,等到真的入学了,一旦遇到不顺利的事情,就会强化这种恐惧。而逃避危险是人的本能,不上学就不用遭这些罪了,所以有些青少年宁可选择不去上学来逃避学业压力和可能的人际压力。

一些青少年偶然发现自己生病的时候,家长会特别关心自己的健康,对学业的关注会下降,所以聪明的青少年马上就会发现用生病来逃避上学或者让父母不再争吵是堂而皇之的理由。因为很多患有学校恐怖症的孩子一开始会出现各种身体不适,当家长用这些理由帮忙请假的时候又更容易获得批准。在家里待着什么也不做和去学校一本正经坐着听课还得写作业相比,肯定是前者更舒服。有的孩子因为各种原因一段时间不上学了,再次去学校的时候,因为朋友陌生了,学业内容跟不上了,更加会出现对学校的恐惧。

青少年常常在开学初产生社交恐惧、学校恐惧和开学恐惧的原因不难理解,在家享受无忧无虑假期生活的孩子,在游乐嬉戏方面花费了过多时间,假期作业还未完成,对即将到来的新学期学习生活缺乏必要的心理准备,从而产生焦虑、恐惧的情绪,情况严重时就会导致开学恐惧症。

有人说情绪是个体内部的"哨兵"和"信使"。情绪的积极作用主要在于情绪的出现能提醒我们去觉察并理解自己的处境;当感到焦虑、恐惧、抑郁时,身体会涌现一股能量,帮助我们更好地认识自我、发现问题,为了改变现状而努力解决问题,最终提升各种综合能力。当然过度的情绪也会"坏事",如过度的抑郁、焦虑、愤怒和恐惧情绪,不仅会影响生理健康,导致失眠、胃病、肝功能异常等情况,也会影响心理健康状态,严重的甚至发展成抑郁症、焦虑症、恐怖症和双相情感障碍等心理疾病。

三、爱你在心口难开——情绪表达

当我们感受到自己出现某种情绪反应,觉察到自己的情绪有变化时,如何表达就成了一件重要的事情。《范进中举》中,范进考取了举人,本应是一件高兴的事情,但是范进竟然疯疯癫癫,最终被丈人胡屠户一巴掌打醒,才恢复正常。有的家长在孩子考了好成绩的时候,内心是满意的,但是并没有把这种满意和高兴表达出来,可能是因为担心表扬会让孩子得意忘形,所以不但不表扬孩子,反而会指出孩子的不足或者另外找一件孩子不够好的事情去教育孩子。实际上,要恰当表达情绪并不是一件容易的事情。下面有几种适合青少年的情绪表达方法,在教育教学中可以运用。

（一）情绪晴雨表

我们知道,天气预报常常用晴天、阴天、雷雨、台风等来描述天气变化,用雨滴数量表示大雨还是小雨。我们也可以借用这样的方式来直观表达和记录情绪感受,比如用晴天的太阳表示心情很好,很愉悦;用"太阳＋白云"表示情绪不错,偶尔不开心;用乌云表示心情不好;用雷电表示有愤怒情绪;用下雨表示郁闷想哭……

这种情绪表达的方法直观形象,特别适合低年龄段的青少年。而老师从这些表达中可以快速了解班级每一位学生的情绪状态,然后在教育教学过程中根据个体差异进行个别指导与教育。

（二）情绪脸谱

很多人在使用微信或者其他聊天软件的时候,会用表情包来表达自己的心情。这些表情包非常形象地表达了人的情绪状态，比如用笑脸表示开心，用哭脸表示伤心，用戴墨镜的脸谱表示得意，等等。因此，我们也可以指导青少年用这些表情包，也就是"情绪脸谱"来表达自己的情绪状态，可以让青少年把自己当下的情绪状态用最贴近的表情包脸谱画出来，也可以让青少年在很多情绪脸谱中将最能表达自己情绪状态的那一个圈出来。

（三）情绪温度计

气温的变化可以用温度计表示，而人的情绪状态也是有种类和强弱变化的。借用温度计的形式，我们可以指导青少年表达自己的情绪类别和强度。

在英国心理学家罗伯特的《蛤蟆先生去看心理医生》一书中，苍鹭医生让蛤蟆先生想象一个"情绪温度计"。这个温度计有 10 个刻度，最低为 1，代表情绪非常糟糕，还可能有自杀的想法，中间的 5 代表还不算太糟，10 表示非常愉悦。

蛤蟆先生选择了 1—2 之间。在苍鹭医生的追问下，蛤蟆先生承认自己三个月前曾经想自杀，现在虽然好一点儿了，但总是感觉活着没意思，也没什么价值，一辈子混吃等死而已，甚至还是别人眼中的笑话。

说着，蛤蟆先生突然抽泣起来。苍鹭医生用手按了一下他一起一伏的肩头，递给他一张纸巾。

蛤蟆先生用纸巾擦了一下眼泪，抑制住哭泣，接着说："有时候我的情绪也会好起来，想做点什么，但很快情绪又低落下来，陷入悲伤沮丧之中，我根本无法控制。"

蛤蟆先生在情绪刻度抄底，情绪状态非常糟糕的时候，能够得到苍鹭医生的专业帮助。在日常生活中，多数情况下不良情绪可以自己排解，但严重到了一定程度，还是要及时就医，因为医生以其专业知识，会提供更有效的帮助。

这是一种表达情绪的直观方法，一旦感觉情绪有变化了，就可以在温度计上标出来，从而让我们有意识地把自己内心的感受真实呈现，这样有助于我们进一步了解自己，从而做出相应的调整。

（四）情绪小瓶子

我们知道瓶子是有容量的，因此我们可以用不同的瓶子装不同的情绪，用瓶子的容量表示这种情绪的强度。可以让青少年在安静的环境下，先做几个深呼吸，以平静的心情回顾这两周的自己：曾经在什么时候出现过某种情绪，当时发生了什么，当时的情绪是什么。然后用水彩笔在小瓶子下方写出当时的情境，在瓶子右侧写出当时的情绪类别，用容量表示这种情绪的强度。还可以用不同的颜色表示这种情绪对自己的影响是积极的还是消极的。

通过这样的表达，可以直观清晰地看到自己近期曾经体验过的各种情绪，在什么情境下出现过哪种情绪，以及这种情绪的强度状态，让我们快速觉察自己的情绪并准确表达自己的情绪。也许我们会发现，一周以来一直以为自己很不开心，现在才发觉原来这不是全部，原来这一周自己也曾因某事而拥有快乐。通过这样的情绪觉察，我们可能突然会悟到自己更在乎什么，更容易受什么事件影响，也许会发现原来自己的生活非常多姿多彩。

四、我的情绪我做主——情绪管理

美国社会心理学家戴维·麦克利兰教授提出的情绪激发理论认为，个体记忆中存在着与成就相联系的愉快经验，当情境能引起这些愉快经验时，就能激发人的成就动机。成就动机强的人对工作和学习特别积极，善于控制自己尽量不受外界环境影响而发挥潜能。

当我们能够觉察自己和他人的情绪，并能够识别区分情绪、恰当表达情绪后，如何管理情绪，做到"我的情绪我做主"呢？认知行为理论认为情绪主要由认知、感受和行为三方面组成。有时候事件本身并不会引发我们的情绪变化，而是我们在事件发生时的认知，也就是想法和观念造成我们情绪和感受的变化，继而可能影响我们的行为。

美国心理学家艾利斯提出的情绪 ABC 理论[A 指事件（activating event），B 指信念（belief），C 指情绪或行为（consequence）]认为，人的消极情绪和行为不是由于遇到的事情直接引发的，而是对于这件事情认知所产生的错误信念所直接引起,这些错误信念也称为非理性信念。艾利斯认为我们认知中可能存在 11 条非理性信念,正是这些非理性信念导致我们对一些事情的理解并引发了消极情绪。[①]

（1）在自己的生活环境中,每个人都绝对需要得到其他重要人物的喜爱与赞扬。

（2）一个人必须能力十足,在各方面至少在某方面有才能、有成就,这样才是有价值的。

（3）有些人是坏的、卑劣的、邪恶的,他们应该受到严厉的谴责与惩罚。

（4）当生活中出现不如意的事情时,就会有大难临头的感觉。

（5）人的不快乐是外在因素引起的,人不能控制自己的痛苦与困惑。

（6）对可能（不一定）发生的危险与可怕的事情,应牢牢记在心头,随时顾虑到它会发生。

（7）对于困难与责任,逃避比面对要容易得多。

（8）一个人应该依赖他人,而且依赖一个比自己更强的人。

（9）一个人过去的经历是影响他目前行为的决定因素,而且这种影响是永远不可改变的。

（10）一个人应该关心别人的困难与情绪困扰,并为此感

---

① Gerald Corey. 心理咨询与治疗的理论及实践［M］. 谭晨,译. 北京:中国轻工业出版社,2016:191—194.

到不安与难过。

（11）碰到的每个问题都应该有一个正确而完美的解决办法，如果找不到这种完美的解决办法，那是莫大的不幸，真是糟糕透顶。

以上 11 条是典型的非理性信念。心理学家韦斯特通过研究，发现这些非理性信念有三个基本特征：

（1）绝对化要求。人们总是以自己的意愿为出发点，对某一事物怀有认为其必定会发生或不会发生的信念，通常与"必须""应该"这类字眼连在一起。比如："我必须获得成功"，"别人应该对我好"，等等。怀有这样信念的人极易陷入情绪困扰中，因为客观事物的发生、发展都有其规律，是不以人的意志为转移的。

（2）过分概括化。这是一种以偏概全、以一概十的不合理思维方式。一方面是人们对其自身的不合理评价，以自己做的某一件事或某几件事的结果来评价自己、评价自己作为人的价值，常常会导致自责自罪、自卑自弃的心理及焦虑和抑郁情绪的产生。如面对失败或极坏的结果时，往往会认为自己"一无是处""一钱不值""废物"等。另一方面是对他人的不合理评价，别人稍有差错就认为对方很坏、一无是处，导致一味责备他人，以至于产生敌意和愤怒等情绪。

（3）糟糕至极。这是一种认为如果一件不好的事发生了，将是非常可怕、非常糟糕，甚至是一场灾难的想法。它将导致人陷入极端不良的情绪体验，如耻辱、自责自罪、焦虑、悲观、抑郁的恶性循环而难以自拔。

如何管理情绪，不同的心理学家有不同的看法，比如艾利斯的情绪 ABC 理论，就建议通过认知调节（即改变想法）来改变感受。认知行为理论认为情绪是由想法、感受和行为共同支撑起来的，如同一张有三条腿的桌子，想法、感受和行为就是支撑这种情绪的三条腿，去掉任意一条腿，这种情绪都难以维持。根据认知行为理论，我们经历什么事情是客观存在的，是一种客观现实，是我们没法自主选择的。经历的事情导致一个人产生情绪反应，可能与当时的想法有关，也可能与感受有关，也会导致一些感受的产生，还可能造成某些行为反应。经历的事情虽然无法选择，但可以通过转换想法、改变感受或者塑造行为来调节情绪，这就是情绪管理。

对于青少年来说，可以通过学会以下 5 点来减少情绪对自己的负面影响，让自己成为情绪的主人。

（1）学习心理学理论，了解情绪

我们可以通过学习心理学理论，达到更好地理解情绪的目的。在心理学中，有很多理论解释了情绪是如何发生和发展的。詹姆斯-朗格的外周情绪理论认为，情绪是对身体变化的知觉，即情绪是因身体器官对特殊的兴奋刺激的反射性变化而产生的。坎农和巴德对外周情绪理论进行了批判，并提出丘脑情绪理论，认为情绪的产生不能用生理变化的知觉来解释，而是大脑皮层解除丘脑抑制的综合功能。情绪感觉是大脑皮层和自主神经系统共同激起的结果。情绪中心也不是在周围神经系统,而是在中枢神经系统的丘脑,当丘脑被唤醒活动时,情绪就产生了,即对情绪反应的部分从身体感官到了大脑。在此之后,随着认知研究的发展,阿诺德提出评定-兴奋学说,认为人对事物的评估与情绪的产生相关,来自外界环境的影响要经过人的认知与评价才会产生情绪。同一情境下,就算知觉对象相同,情绪反应会因大脑皮层对情境评估的差异和过去的知识经验而不同。而沙赫特和辛格的情绪(因素)理论则认为个体的认知参与、认知对环境和生理唤醒的评价过程,是情绪产生的重要机制,即情绪经验来自个体对三方面信息的认知:①对刺激情境性质的认知,如孩子这次考试没考好,一定会影响升学和就业;②对生理变化的认知,当发生一些事情的时候,自己有没有生理上的反应,如孩子没考好,自己就开始出现头疼、失眠的生理反应,那么头疼、失眠一定是因为孩子没考好,自己担忧和焦虑导致的;③各种情绪状态由交感神经系统以一定形式唤醒。这些情绪理论虽然视角不同,解释的原理不同,但都能帮助我们更好地了解情绪的发生发展过程。

(2)学会觉察并识别自己的情绪

情绪不仅反映了我们的心理健康状况,不良的情绪还会直接影响我们的身体健康。所以,及时觉察到自己的情绪变化并能准确辨别自己的情绪类别和情绪强度就显得尤为重要。学会监控情绪也是一种帮助我们辨别情绪的好方法。一种情绪监控方法是做一个前文提到的"情绪温度计"。我们可以用数字 1—10，给自己的情绪强度打分，1 表示"很轻微"，10 表示"极度激烈"。一旦发现自己某种负面情绪达到比较高的分值，就需要停下来，让自己冷静几秒钟或者主动进行调节。从某个方面来看，情绪确实是我们心理状态的晴雨表，时刻影响着我们生活和学习的方方面面。大量研究表明，情绪影响人的学业、人际、健康，甚至人格的形成。所以，识别情绪是我们有效管理情绪迈出的第一步。

（3）改变认知，换个角度看问题

我们知道影响情绪的还可能缘自我们看待情绪的视角。很多人苦于情绪的困扰，是因为他们习惯于用负面思维去解读身边发生的事情，比如将别人无意中说的话看作是恶意对自己的攻击，并由此产生愤怒的情绪。同学中午去食堂吃饭却没有叫上自己，就觉得大家都不关心自己。于是陷入伤心、怨恨的情绪之中，甚至和朋友逐渐疏离。认知行为治疗学派认为，一个人存在自动化思维、中间信念和核心信念。核心信念是个人早年的经验形成和维持自身的信念，而为了支持和保护核心信念，我们会发展出一套关于自身和世界的各种假设，即中间信念。随后，中间信念和核心信念进一步发展，形成一些习惯思维，就是常常被我们忽视的自动化思维或自动化想法。我们的情绪常常就和我们的各种认知以及自动化思维联系在一起。这时，如果我们能改变自己的认知，尝试换个角度看问题，那么情绪状态就会发生非常大的变化。

同时，对一些孩子来说，睡觉或者打游戏等娱乐活动，并不一定是不好的事情，其实它们也是一种调节情绪的好方法。

如果孩子出现了严重的情绪障碍，家长一定要引起重视，务必带孩子去医疗机构进行心理评估和诊断治疗或咨询。

（4）寻例外时刻，燃生命动能

面对问题，我们往往习惯把注意力放在问题发生的时候，却很少注意在哪些时候问题是不会发生的。关注前者，会让我们越来越焦虑；而关注后者，我们会豁然开朗。叙事疗法相信每个人都是解决自己问题的专家，每个人都天然存在着自己解决问题的优势资源，而这个优势资源就蕴藏在问题不发生的那些时间段里，即例外时刻。在每个问题的发生过程中，都有例外可寻。而我们自己解决问题的优势资源，就蕴藏在这些例外之中。找出这些例外，就等于找到了解决问题的突破口，就可能激发我们的生命能量。在出现负面情绪的时候及时合理宣泄，可以让自己改变感受。

我们可以在难过的时候去听听喜欢的音乐。音乐不仅可以改善负面情绪，还可以强化积极情绪。当我们受负面情绪困扰时可以用音乐做自我照顾，当我们情绪积极时，可以用音乐使积极情绪得到强化，之后会更有能力去应对工作、生活中的困难，更有能力处理自己的负面情绪。

研究表明运动是情绪调节的良方，美国心理治疗教授布朗博士研究了101名情绪沮丧的学生，将他们分为运动组和不运动组，发现一星期慢跑五天，十个星期就能明显地降低沮丧情绪。而一星期跑三天的人，亦有同样的效果，但在这期间不运动的人,却没有任何改变。①

我们也可以在重要的日子好好策划,增加生活的仪式感,多一些惊喜和期待;或者当不好的事情发生时,不再沉浸在自己的世界里承受痛苦,而是去感受大自然的美好,也许心情就会很不一样。

(5)寻找资源,获得支持

作为青少年,由于自身经验不足,当陷入困境时,往往很难仅凭一己之力快速做出最恰当的抉择,也无法帮助自己有效脱困。这个时候千万不要忘记,我们身边始终有家长、老师和朋友,我们可以从他们那里获得很多社会支持,比如直接解决问题的办法、情绪上的支持、物质上资助等等。在成长过程中,或许有不少青少年渴望寻求自我独立,但是独立与寻找社会支持并不矛盾。一个人需要自己独立完成事情,但他也需要学会在完成过程中取得社会支持,学会取得资源来解决问题是一个强者与勇者的行为。因此,当有需要时,我们要克服自己的自我怀疑,勇敢、主动、明确地去跟老师、亲友联系。

总之,情绪只是反映出我们内在的感受,每种情绪都有它独特的存在价值。如果我们刻意回避某些自认为不好的情绪,就可能无法完整地体验生活,还会把自己的心理能量耗费在与这种情绪的对抗之中。所以,无论怎样的情绪,都请先接纳它。虽然情绪会被分为积极情绪和消极情绪,但情绪本身

---

① Rodale Press. 心灵导师:情绪管理全书(上)[M]. 包黛莹,等译. 北京:经济日报出版社,1997:276—278.

并无好坏之分，由情绪引发的行为却有好坏之分，行为的后果也有好坏之分。积极情绪能激发人产生发散性、更具有创造性的思考；而消极情绪促使人更聚焦于关键性的思考和决策，其目的是查明错误并消灭之。可以这样理解，消极情绪更有利于保证人类的生存，而积极情绪才是人类发展的关键，促使新思想、新行为的产生。如果我们想要获得更好的发展，想要培养更好的创造性，那么就一定要学会情绪管理。

每个人在不同时期都会有自己的情绪反应，也会有自己的情绪表达，更会有自己的情绪调节方法。让我们一起在孩子成长的过程中，学会觉察自己的情绪并体会孩子的情绪，接纳孩子的情绪，指导孩子主动觉察情绪、识别情绪并调节情绪，成为情绪的主人，让情绪化为成长的动力，与孩子一起成为更好的自己。

第二节　让压力成为动力

人们最出色的工作往往是在处于逆境的情况下做出的。思想上的压力，甚至肉体上的痛苦都可能成为精神上的兴奋剂。

——贝弗里奇

　　挪威人爱吃沙丁鱼，尤其是活鱼，渔夫们在海上捕得沙丁鱼后，如果能让鱼儿活着抵港，卖价就会比死鱼高好几倍。但是，沙丁鱼生性懒惰，不爱运动，返航的路途又很长，因此捕捞到的沙丁鱼往往一回到码头就死了，即使有些活的，也是奄奄一息。只有一位渔民的沙丁鱼总是活的，而且很生猛，所以他赚的钱也比别人多。后来，大家终于发现了他的秘诀，那就是在装满沙丁鱼的鱼槽里放进一条以鱼为主要食物的鲶鱼。鲶鱼进入鱼槽后，由于环境陌生，便四处游动。沙丁鱼见了鲶鱼十分紧张，左冲右突，四处躲避，加速游动。这样一来，一条条沙丁鱼欢蹦乱跳地回到了渔港。这就是著名的"鲶鱼效应"。[①]

　　一种动物如果没有对手就会消亡，一个人如果没有对手就会变得慵懒，一事无成。医学界认为当人们受到惊吓或刺激时，肾上腺会分泌出大量的肾上腺素，使人产生前所未有的能量和生存力。所以人在有一定压力，精神高度紧张、亢奋的竞争状态下，会迸发出超常的能量。

　　现代生活节奏快，知识更新快，竞争激烈，社会在为人们提供更多的发展机会和选择空间的同时，也带来了更多的风险和压力。有人说这是一个竞争的时代，是实力决定命运的时代，是机遇与挑战并存的时代。竞争无处不在，竞争使时代和人进步，但是青少年面对激烈的竞争环境有时也出现不堪重负、无所适从的焦虑状态。如何适应竞争环境，如何做到在

[①] 姜宏波.新视角下的中学历史课堂教学——运用"鲶鱼效应"，提高教学效果[J].吕梁教育学院学报，2009(03)：59—61.

竞争中越战越强、愈挫愈勇,是每个现代人必修的课题。

一、了解压力

心理学上的压力是指个体在生活适应过程中的一种身心紧张状态,是压力源和压力反应共同构成的一种认知和行为体验。当刺激事件打破有机体的平衡和负荷能力,或者超过个体的能力所及,就会产生压力。这些刺激事件包括各种外界和内部的情形,统称为压力源。重大的压力事件、变化或不确定、生活中的长期困难以及日常困扰都可能成为压力源。购房后的还贷压力、天灾、战争、意外伤害等这些重大的压力事件可能成为压力源,升学、入职、搬家、疫情发展等变化或不确定可能成为压力源,学习困难、经济匮乏、养育子女、亲子冲突等生活中的长期困难可能成为压力源,甚至上班堵车、邻居装修吵闹、突发情绪不佳等日常困扰也可能成为压力源。有时候,当家长对孩子特别好的时候,有的青少年反而会觉得这种"对自己好"是一种负担和压力,需要自己付出更多的努力、取得更好的成绩才能回报父母对自己的这份"好",万一自己表现得不够好,可能就会心生愧疚,觉得自己对不起家长对自己的这份"好",这种现象往往出现在宣扬"有条件的爱"的家庭和特别懂事的孩子身上,也与家长的评价观有关。在一些家长的眼中,对孩子好是希望他们懂得感恩,希望他们用努力和成绩来回报家长对他们的关心、照顾。

1914 年,哈佛大学心理学家沃尔特·坎农(Walter B. Cannon)首次提出"战或逃反应"来描述面对威胁时,身体生理唤醒的动力性。坎农在一系列动物实验中发现,身体面对压力的立即反应有两种模式:要么实施攻击以保护自己,要么逃走以躲避危险。坎农观察到的这种对急性压力的身体反应现在被统称为压力反应。①

后来的实验又发现,战斗反应是由愤怒或侵犯引发的,通常在保护自己的势力范围或者攻击比自己弱小的侵犯者时出现。战斗反应需要生理上的准备以补充力量并持续一小段时间。与之相反,坎农认为逃跑反应是由于恐惧引发的,它能让人的身体忍受长时间的奔跑,如躲避狮子和熊。不过,在很多情况下,逃跑反应不仅指逃之夭夭,还包括藏起来或退缩反应。

当人长时间处于压力情境或者突遭压力事件时,最先出现的是一系列的生理反应,包括心动过速、头痛、心因性出汗、疲劳耗竭、消化不良、恶心呕吐等症状,接着个体会体验到一系列情绪,包括焦虑、易怒、愤怒、情绪不稳定、抑郁、害怕、恐惧、悲伤等困扰等。随后个体达到认知层面开始工作,可能发生感觉扭曲、混乱、注意力不集中、难以做决定、自责、耿耿于怀、无法理解行为的结果等。最终这些情绪、想法可能形成个体的行为,就会出现冲动、冒险、过度饮食、使用酒精药物、睡

① 李宝山.北方阳光系列丛书:大学生心理健康教育[M].重庆:重庆大学出版社,2017:34—35.

眠紊乱、退缩、人际关系紧张等现象。

　　了解面临压力事件时的个体反应有助于帮助我们理解处于压力情境下一些行为、情绪、躯体和想法上的表现，从而帮助我们更好地觉察自己的状况，并在压力下学会照顾自己，也可以更好地理解青少年在压力情境下可能有的反应。

二、青少年常见压力

　　让我们先从一个高一新生的案例入手，来看看高一新生小Ａ有什么压力吧。

　　小Ａ就读的是家门口的一所对口普通公办初中，谁也没有想到，他中考能超常发挥，当收到某市重点高中录取通知书的时候，家人都很高兴，小Ａ自己也很自豪。但父母时不时炫耀他的优秀，亲友时不时要求自家孩子向他学习，大家每次看见他都说他已经一脚踏进重点大学了，这些都让他备感压力。

　　随着新学期的到来，小Ａ的自豪慢慢不复存在，他觉得高中知识很难，上课节奏很快，高中的功课又多。期中考试时，他竟然有两门功课不及格。

　　因为新高中离家很远，小Ａ选择了住宿。本以为住宿是很有意思的事情，可以认识很多新同学，免除路上奔波的辛苦，节约路上乘车的时间。但是让他没有想到的是，住宿生活跟他想象的完全不同。因为从小他就做作业速度慢，晚自修时间他根本来不及做完当天作业；因为从小不会规划零用钱，他总是两天就用光了一周的开销然后就总是缺钱用；因为洗澡动作慢，所以他总是被排队的同伴埋怨；因为不注意细节、被褥用具不整齐，所以寝室和班级总是因为他被扣分；因为熄灯前经常和寝室同学畅聊国内外时事，甚至为此激动亢奋而久久难以入睡，导致第二天上课没有精神。

初中时被老师宠爱、被同学崇拜的那个自信乐观的小A到了高中却越来越沉默，和初中同学之间似乎除了电子游戏这个话题也没什么话可说了。眼看着周围同学陆续有了好朋友，小A似乎游离在这些人之外，内心越发孤单。

从未和家人分开的他，每天都很想父母，甚至难过到落泪，为此还被同学笑称为"妈宝"。

当小A周末回家说起自己的困惑和担心时，爸爸妈妈也傻眼了：一直以来，他们教导小A只要把学习搞好，努力考进重点高中，其他的都不重要，难道他们错了吗？

小A的问题到底出在哪里？他该怎么调整才能适应高中生活呢？

其实人只要活着，就会感受到各种有形和无形的压力，尤其对青少年来说，他们能感受到的压力更多。从前面的案例中我们可以发现，高一新生小 A 有明显的学校适应不良，他的适应不良与学业压力、父母期待压力、同伴压力、时间管理压力、金钱管理压力以及学校适应压力等多重压力有关，而这些压力有些属于环境因素，有些属于家庭因素，有些则是个人能力问题。青少年感受到的压力有来自学习本身的压力（如学科学习、考试分数、高考选科、升学等），来自同伴的压力（如竞争、友情、爱情等），也有来自家长的压力（如父母离异、父爱或母爱泛滥、亲子冲突、父母过高期待等），更有来自自身的压力（如体像烦恼、完美主义等）。总的来说，青少年常见压力源主要有以下几方面：学习与升学的压力、学生工作的压力、人际关系的压力、经济的压力、目标迷茫和生活无意义的压力、生活中的突发事件、选择与决策的压力，以及疾病、身高、体重、睡眠障碍等生理的压力。

有的人承受的压力小一些，有的人承受的压力要大得多。因为青少年应对压力缺乏有效的调整和应对措施，有时候很小的一件事甚至可能成为压垮他们的"最后一根稻草"。在一些危机事件发生后，我们会发现，对青少年来说，考试成绩不理想、被人误会或错怪、与同学或好友发生矛盾、学习负担重、当众丢面子、家庭施加学习压力、家人之间有矛盾、受人歧视或冷淡等压力源往往容易诱发青少年危机行为。① 因此，青少

---

① 沈之菲.上海市中小学生的应激性生活事件、应对方式及抗逆力的实证研究[J].思想理论教育，2009(03):72—77.

年要学会压力管理。

父母的哪些言行会给孩子压力呢？

数落式语句，如"你在干什么，有没有用功啊？你怎么这么差啊？"这些数落的话语会把孩子的积极性压制住。

达标式语句，如"下次考试必须达到 85 分，名次要进入前 10 名……"孩子往往会担心无法达标而产生心理压力，反而会使自己很难发挥出应有的水平。

包办、陪读式行为，如家长替孩子包办替代所有事情，小到穿什么衣服，第二天带什么学习用品，大到申报什么学校什么专业。自从孩子入学后，家长每天就没完没了地辅导，每天晚上陪读，还有的家长请家教全程辅导孩子学习，这样很容易让孩子产生过分依赖。

愁眉苦脸式家长的消极情绪也会影响到孩子的情绪状态，如果父母每天板着面孔或者愁眉苦脸，必定会让孩子时刻感受到不认同或者担忧。

对高中生来说，学业发展、个性发展、人格发展是三大主要任务，学业发展任务艰巨，很多学生从小学到初中都一直生活在以学业为重的日子里，尤其是到了高中，学科难度加大，学业科目增多，很多学生会因为学业上想要变得更好，或者虽然很努力但是一直不见成效而备感压力。

现在我们知道了压力是人的一种主观感受，一般产生于一些比较难处理、有困难和对自己有威胁的情况和事件。压力不是这些情况和事件本身，而是人对这些情况的理解和反应,而这些情况通常称为压力源。①

面对压力,每个人都有过焦虑或者紧张的经历。焦虑是带有不愉快情绪色调的适应行为,除了身体上的种种不适,焦虑更多的是反映在心理上的恐惧、痛苦和不安,这是人们面对压力时最常见的情绪反应。而通常人们评价某人"抗压能力"如何,大多数情况下就是在评价此人在面对压力时所产生的焦虑程度。

心理学里有个词叫作"抗逆力",它是指我们面对危机或困难的自然适应能力。抗逆力是人类天生就具有的潜能,是一股内在改变、自我校正及复原的动力。抗逆力可以分解为三个关键因素:效能感、归属感、乐观感。因此,要提高抗逆力,可以从提高效能感、归属感和乐观感三方面入手。效能感与解决问题能力、人际交往技巧、合理的目标以及情绪处理能力有关,提高自己的解决问题能力,改善自己的人际交往技巧,确立合理的目标并有一定的情绪管理能力都会提高自我效能感。归属感往往与重要他人的关怀、期待以及对我们的生活参与有关,父母、老师、同学、社区环境等都可以成为我们的重要他人,可以是我们的阻力和压力来源,也可以成为我们的支持力量,让我们形成强烈的归属感。而乐观感主要指能积极理解挫折,对将来充满信心,这是一种人生观,是一种积极的态度,需要在日常慢慢养成,尤其是在挫折中磨练形成。

---

① 同雪莉,等.心理学改变生活[M].北京:高等教育出版社,2019:72—73.

三、换一个角度看压力，迎接挑战

> 事物本身并没有发生改变，而是你变换了观察它的角度，就这么回事。
>
> ——卡罗斯·康斯坦丁

有压力并不是坏事。心理学家耶基斯和多德森最早研究了压力的不同效果，提出了著名的耶基斯-多德森定律。这个定律反映了压力（动机水平）、任务难度与工作绩效之间的关系：当任务难度适中时，最佳的状态会发生在中等程度的压力之下；当任务比较简单容易时，需要较高的压力才能提高工作绩效；而当工作比较复杂困难时，较低的心理压力将产生较高的工作绩效。[①]

青少年的压力很多来源于学业竞争，积极竞争是力求上进的表现，值得赞赏，但是如果在竞争环境下压力超过了自身极限，那就应该适当调整，让自己的进步之路走得更长久更稳健。如何换个角度看待竞争，让压力产生动力呢？

首先，要正确认识竞争。竞争是压力产生的一个重要原因。没有竞争，没有了压力，也就没有了动力，个人就失去了前进的目标。但要正确理解竞争，要知道没有人能永远做第

---

① 彭聃龄.普通心理学（修订版）[M].北京：北京师范大学出版社，2010：342.

一，无论输赢，其实都是暂时的。和过去的自己比较，而不是和别人竞争，才能建立持久的自我价值感。

其次，接受自己的不完美。追求完美是人向上的天性，但不完美却是人生的真实写照。一个人在评价自己的时候，最重要的不是完美或者不完美，而在于接受不完美的自己和不完美的生活，从而在一步步接近完美中提升自我，享受生活。做任何事时我们都要诚实并仔细评估自己的能力和资源，接受自己能力有限的事实，放弃一些要求，允许自己做得不够好。

最后，调整观念中的非理性信念，如绝对化的信念：个体从自己的主观意愿出发，认为某件事一定会发生或者一定不会发生。例如"我必须……""我一定……""我应该……""我不可以……"

通过下面的实践，我们来看看自己能否换个角度看问题。大家闭上眼睛，假想一下这样一个场景：同事小王对我发火了。在这样的场景下，你会有什么直觉的想法？你的想法会与下面哪一条接近呢？

想法 1：小王就是不喜欢我，总是针对我。

想法 2：小王这人脾气太差了。

想法 3：没有人喜欢我，我一无是处。

想法 4：我很差劲，什么事情都做不好。

想法 5：我是一个不值得被人喜欢的人。

想法 6：我太优秀了，小王嫉妒我。

想法 7：我这件事情没有处理好，给小王添麻烦了。

想法 8：我怎么样吸取教训，下次把事情办好呢？

……

我们会发现我们的想法会左右我们的言行。如果你持有想法 1 至 7，那么你要么会产生愤怒、敌对情绪，要么会产生自责、自卑、自大感，而想法 8 让你不但不会有愤怒、敌对情绪，更不会有自责、责备、自大感，反而你会静下心来，冷静思考解决问题的办法。这才是更有效的解决压力的办法。

不仅青少年可以通过转换想法来改变压力感受和压力行为，对家长和教师来说，也可以灵活运用。如一位老师发现一个学生又没交作业的时候，第一反应是"他真是无药可救了"，一方面觉得无能为力，另一方面又觉得教这样的学生压力巨大。后来他换了一些想法，比如"也许是我下课时没把作业要求讲清楚"，想到有这个可能，他就在以后所有课时下课时都把作业要求讲得清清楚楚；比如"也许是学生知识没有掌握，作业不会做"，想到这个可能，他就耐心地给学生讲解知识点，直到确认学生完全掌握为止；比如"也许是作业太多，忘记做我教的这门课作业了"，经过和其他学科老师沟通，发现果然数学和英语老师最近布置的作业太多，占用了学生太多的时间,经过协调,大家都表示会注意这个问题;比如"也许是学生家里发生什么大事了",经过了解,竟然发现学生妈妈生了重病,学生需要去医院陪护,真的没有时间做作业;比如"也许是学生生病了呢",他以后就对学生关怀备至,一个学期后成为最受学生欢迎的老师;比如"也许是学生学业跟不上,想放弃努力了",那么这时更应该关注的是学生的学习动力问题,需要和家长、班主任一起协同开展指导,不是一个学科老师能解决的问题,不及时跟进的话,学生可能会演变为厌学、拒学。

四、协助孩子适时适度宣泄压力

在汉语词典中"宣泄"有两种含义,一是排出积水,二是吐露、发泄的意思。在心理学上,我们常说的"宣泄"是第二个含义,也就是让人把过去在某个情景或某个时候受到的心理创伤、不幸遭遇和所感受到的压力和情绪发泄出来,以达到缓解压力和消除消极情绪的目的。从这个角度说,宣泄是自我保护和心理调适的有效措施。

我们可以想象一下,一只气球被吹满了气,当气压太大的时候,很可能会爆开,温度和高度变化可能让气球禁不起内部气压而破裂,不经意间气球碰到草地或者其他并不尖锐的物体也会破裂。这时我们适当放掉一点气,就能让气球飞扬却不至于那么容易破裂。人类也是如此。当压力过大时,要么自己承受不住而崩溃,要么一有风吹草动就可能受到影响而崩溃,这时适时适度宣泄压力,如同给气球及时"放掉一点气",就显得很重要了。

每个人宣泄压力的办法不同。倾诉、睡觉、运动、听音乐、阅读、洗浴泡澡等是常用的宣泄压力、缓解压力的办法,效果因人而异,适合的才是最好的。

(一) 倾诉

当觉察到自己的压力时,可以找一个人说一说,这时倾听者就非常关键了。班级和家庭可以建立轻松信任的氛围,营造良好和谐的人际关系,为倾诉者提供倾诉的"树洞";在倾听时,倾听者需要关注倾诉者的感受,和他们产生共情或理解他们"此时此刻"的情绪和感受;倾听者在倾听倾诉者的表达时,要对他们的情感需求做出积极的回应,并能及时帮助他们在表达中厘清思路;倾听者在倾听过程中适时提出开放性的问题,拓展倾诉者解决问题的思路。

(二) 睡觉

很多人可能没有意识到,睡眠也是宣泄压力的一种方式。睡眠对于青少年来说更加重要,生长素在睡眠状态下分泌旺盛,可以促进青少年的生长发育。此外,人在睡眠中全身彻底放松,可以消除疲劳,恢复体力。另外,由于睡眠期体温、心率、血压下降,呼吸及部分内分泌减少,使基础代谢率降低,从而使体力得以恢复。睡眠不足的人常常更烦躁、激动或精神萎靡,注意力涣散,记忆力减退等,长期缺少睡眠甚至会导致幻觉。而睡眠充足者精力充沛,思维敏捷,办事效率高。睡眠还可以使各组织器官自我康复加快。很多医生会建议生病的人多注意休息、多睡觉,也是因为这个道理。

(三)运动

运动是缓解压力的良方。很多研究证明定期运动对于缓解压力、稳定情绪具有积极的影响。

不管是有氧运动还是无氧运动,户外运动还是室内运动,集体项目还是个人项目,不管是亲自参与运动,还是观看体育活动,都可以刺激多巴胺的分泌,让人产生紧张、亢奋、愉悦的感受。青少年兴趣爱好广泛,要尝试各种运动方式,找到适合自己的压力宣泄途径。常见的运动方式有瑜伽运动,羽毛球、篮球等球类运动,骑行、游泳、散步、登山、桨板、皮划艇等运动方式,对青少年来说都是不错的选择。

(四)听音乐

我们也可以学会用音乐照顾自己,在聆听音乐的过程中、在音乐表演中、在音乐创作中,我们都会专注而投入,注意力会从对内心压力的关注转到音乐上,随着音乐的节奏,我们的压力和情绪也会随之而发生明显的变化。舒缓的音乐可以平和我们因为压力而紧绷的神经,有规律的节拍可以让我们情不自禁跟随节律而舞动,高亢激昂的乐曲可以让我们心潮澎湃,斗志昂扬,高声歌唱可以舒缓心中苦闷,令人神清气爽,而自己创作音乐的过程更是动力十足,让人成就感满满。

（五）阅读

阅读不仅可以让我们转移注意力,更重要的是,好的文学作品可以让我们增长见识,汲取知识,学习文学作品中的榜样示范作用,获得成长的间接经验,促进自己尽快成长。

也许,我们可以从优美的文字中感受文字的力量与美好,享受其间,产生美好的憧憬和想象,让原本愁闷的心绪被新的期待充满。也许,我们从文学作品中的人物身上学习优良的心理品质,比如武侠小说中人物的侠肝义胆、果敢刚毅或者聪慧睿智。也许,我们可以在阅读中代入人物身份,增强对自我的觉察和认知,重新认识自己。也许,我们可以从榜样身上学习到为人处世之道,面对困难险阻时的心态调节方法。也许,我们可以在阅读中增长知识,充实自己,发现自己懂得更多,更加自信。

（六）洗浴泡澡

不知道大家有没有意识到,当我们在浴室洗澡的时候,抛开一切,让头脑放空,也许这是我们一天中最放松无拘无束的时间,不仅可以洗去污垢,而且可以消除一天的疲劳,让自己神清气爽。有条件的泡个热水澡,不仅能消耗热量、帮助身体新陈代谢,而且还有助于放松身体,能提高睡眠质量。

五、指导孩子提升能力，积极应对

（一）聚焦问题，解决压力事件

当压力产生时，转换想法很重要，宣泄压力也很重要，但最重要的是聚焦问题本身，解决压力事件，提升问题解决能力，这才是最根本的压力管理办法。

如果因为压力导致失眠，或者因为失眠而产生精神压力，这时候分析失眠的原因，着重解决失眠问题才是当下最需要解决的压力事件。如果你每天睡眠时间不定，睡前听节奏快的音乐让自己很亢奋，白天午睡时间太长，习惯了在床上做与睡眠无关的事情消磨时间，努力强迫自己睡觉导致更精神，睡前打电话而影响了情绪，睡前进行剧烈运动导致大脑和身体亢奋，或者睡前喝了咖啡或浓茶、奶茶，吃得太多消化不良等，这些都是不利于入睡的。不妨试试以下办法：平时加强锻炼，强身健体，作息规律，情绪平和，可以适当听一些舒缓的轻音乐，被褥柔软舒适，厚薄适中，卧室光线暗淡，温度适宜，保持安静的睡眠环境等，也许会大大改善睡眠质量。

对学业压力大的孩子来说，合理定位，目标适中，寻找到适合自己的学习方法可能更重要。比如在每一次考试过后，不妨看看自己问题出在哪里：是复习整理策略有问题还是学科知识点没有牢固掌握？是考试焦虑发挥不出原有水平还是粗心大意失误太多？同样语文作文写不好的两名同学，一名可能是平时社会经验不足，知识面匮乏，导致写作文时没有素材支撑，文字干巴巴的；另一名可能是有素材但是审题不准确，或者写作框架结构没有逻辑性，导致堆砌材料。那么对第一名学生来说，可能需要多看书多听新闻，在看书和听新闻的过程中注重积累素材；而第二名学生则需要更多在审题和梳理文章结构方面下功夫。

如果时间管理能力弱，经常发现时间不够用，事情来不及做，那么也许需要学习时间管理的策略。可以罗列自己要做的事情，预估每件事情需要的时间，然后对照目标和紧急程度看看哪些是既重要且紧急的事情，这些需要首先完成；哪些是紧急但不怎么重要的事情，可以请别人协助完成；哪些是重要但还不够紧急的事情，这些需要在事情变得紧急之前完成；哪些是既不重要也不紧急的事情，当时间不够的情况下这些事情可以放弃不做。

（二）积极寻求社会支持

没有人是一座孤岛，我们每个人都生活在家庭、社区、朋友、老师和学校等组成的社会系统中，青少年与这些群体或人群联结越紧密，他的社会系统的力量越强，可能对他的支持作用就越好。

求助是强者的行为，消除内心封闭的锁，勇敢地伸出求助的手，也许别人的经验可以让我们避开陷阱，也许别人的分析可以帮我们重新审视自己，也许专业的解答可以让我们尽快解除疑惑。特别是当我们因为压力而产生严重心理问题的时候，及时到精神卫生中心、专科医院等专业医疗机构进行评估、诊断和治疗才是强者的行为。

（三）发展人格优势，提升抗压能力

事实上，当直面压力时，最直接也最有效的办法莫过于改变自身，发展人格优势，在实践中努力提升自己抗压能力了。

人格也称个性，是指人所具有的与他人相区别的独特而稳定的思维方式和行为风格。人格特质是指在组成人格的因素中，能引发人们行为和主动引导人的行为，并使个人面对不同种类的刺激都能做出相同反应的心理结构。而"积极特质"是能够赋予个体积极适应的人格特质，这些人的抗压能力更强。

美国哈佛大学心理学家威廉特经过 70 多年的跟踪研究，发现那些在各个生命阶段中经常表现出利他、乐观、幽默、延迟满足等特质的人，当他们年老时，生活更幸福，身体更健康，寿命也更长久。[①] 积极心理学家将这些人格特质称为"人格优势"，共有兴趣好奇、热爱学习、思维判断、创造才能、社交智慧、洞察悟性、勇敢无畏、坚持勤奋、正直诚实、善良慷慨、爱与被爱、公民责任、公平平等、领导才能、自我控制、谨慎审慎、谦逊谦虚、美的领悟、感恩感激、希望乐观、信仰灵性、宽容宽恕、

---

① 刘翔平. 当代积极心理学[M]. 北京: 中国轻工业出版社, 2010: 198—199.

幽默风趣和生机活力 24 种人格优势，[①]而每个人都会拥有属于自己的显著优势，我们可以通过广泛阅读、参与社会活动等来让自己的优势得到最大化的发挥。

第三节　好人缘是一生的财富

友情在过去的生活里，就像一盏明灯，照彻了我的灵魂，使我的生存有了一点点光彩。

——巴金

一、人际交往的功能

我们都希望自己拥有好人缘，拥有天长地久的友谊，这些是人的社会性发展需求，是人际交往的一部分。人际交往对我们有什么影响呢？

（一）人际交往深化自我认识

心理学家埃里克森的人生发展八阶段理论中提出，12—

---

① 汪小容.大学生心理健康和谐与发展［M］.北京：北京理工大学出版社，2016：131—132.

18岁处于青春期阶段的青少年要解决的中心问题是自我意识问题，他们需要进行自我探索、自我觉察、自我接纳，思考自己是什么样的人，接不接纳自己现在的样子，形成自我认同感；而小学阶段的自我认同感主要来源于老师和家长，初中阶段的自我认同感主要来源于同伴群体，高中阶段同伴依然很重要，但高中生更多会开始思考自我价值的问题。所以，人际交往，无论是与师长的交往还是与同伴的交往，都会深化青少年的自我认识。

（二）人际交往增长社会经验

人是社会性动物，在与他人相处的过程中，会不断通过他人这面镜子进行自我调整，努力让周围人接纳和认同自己，这也是社会化的过程。在心理课堂中，高中生会讨论最喜欢最愿意交往的好朋友的特质，他们会发现其实自己是有要求的，那些符合自己欣赏特质的人更容易成为自己的好朋友。除了三观接近、有共同话题外，还包含人际吸引，而个性品质往往是人际吸引中最重要的因素。在讨论中，他们会觉察到培养哪些特质才能让自己变得更好和更受欢迎，这些都在促进高中孩子的社会化进程。有的孩子还会恍然大悟，原来自己以为的"恋爱"其实只是因为对方身上具有自己喜欢的特质，换一个类似的人，可能自己也会喜欢，原先的喜欢"不一定是真爱"。

（三）人际交往满足归属的需求

根据马斯洛需要层次理论，归属的需要是每个人都会有的。所谓的归属感，就是指个人自己感觉被别人或团体认可和接纳时的一种感受，这种感受会让人觉得安心、踏实、安全。近年来，心理学家对归属感进行了大量的研究，发现缺乏归属感的人会对自己从事的工作缺乏积极性，责任感也不强，社交圈狭窄，朋友不多，业余生活单调，缺乏兴趣爱好。[①]

而人际交往恰恰可以满足人归属的需要。细心的人会发现，就算原本不熟悉的学生之间谈及自己就读过的学校，发现彼此同为校友，都会油然而生一种亲近感。同一个班级的学生每当说到自己班级，都会油然而生一种集体荣誉感，会因为同在一个集体中觉得特别踏实。有时候因为共同的兴趣爱好聚在一起，就会有共同的话题，喜欢画画的学生会不分年级聚在一起聊画技，喜欢打球的人说起球赛就会眉飞色舞。

（四）人际交往有助于缓解压力

好朋友往往也是青少年最愿意倾诉压力的人，哪怕在疫情期间宅家上网课的日子也是如此。根据上海市某高中2020年4月做过的调研，62.27%的学生在有心事时会选择向好朋友倾诉。当他们向好朋友倾诉时，更容易宣泄压力，找到共

---

① 郑洪利，寇平平.中学生心理健康教育：全体教师用书［M］.北京：中国轻工业出版社，2008：76.

鸣,得到理解,也更容易听到中肯的建议,这些都有助于缓解压力。甚至有时候不喜欢学习的学生也会聚在一起,因为谁也不会瞧不起谁,也就没有了压力。

二、如何引导孩子发展人际交往能力

(一)了解孩子的社交圈

家长可以在日常生活中通过交流了解孩子的社交情况,了解孩子的好朋友是谁,知心朋友是谁。可以鼓励孩子多与同学交往,比如在新电影上映的时候,鼓励孩子和朋友一起看电影。家长们聚会时,各家都带着孩子,鼓励孩子和其他孩子玩耍。在孩子认识新朋友的时候,哪怕是网友,家长可以带着好奇心去了解这是一个什么样的人,而不要随意评价和制止孩子的正常交往。家长对孩子的社交圈越了解,指导起来就越有针对性。

家长要多与孩子交流,了解孩子的人际关系情况。某高中曾做过一项研究,让每一名学生写出两个班内好朋友的名字,然后将其输入软件,软件自动绘制出一幅班级人际关系图谱,从中可以清晰地看到谁是受欢迎的人,谁的朋友多谁的朋友少,谁提到了谁,但是别人并没有提到他。每个班都会发现有个别学生游离在班级外围,班内没有好朋友,也没有人把他当成好朋友。这种人际互动情况对孩子的交往方式、个性品质的发展都具有重要影响。

（二）指导孩子基本的人际交往原则

中国一直以来就有"己所不欲勿施于人"的说法，也有人提出人际交往的黄金法则即"你希望别人怎么对你，你就先怎么对别人"和白金法则即"别人希望你怎么对他，你就怎么对他"。人民日报曾经做过这样的一些宣传图片，譬如"不要为了人际关系，逼着自己做好人""请不要随意出卖一个朋友的隐私，来取悦另一个不熟的朋友"等，[①]这些都是人际交往的原则。在人际交往中，平等的原则、尊重的原则、相容的原则、互助的原则、诚信的原则是公认的5条基本原则。

（三）教会孩子人际沟通技巧

在人际交往过程中，沟通表达能力非常重要。人际沟通技巧有很多，涉及如何和别人打招呼，如何和别人展开话题，如何表达自己的感受，如何回应别人的语言等。盖瑞·查普曼在《爱的五种语言》一书中表达了肯定的言语、精心的时刻、有意义的礼物、自愿的行动/服务的行为和身体的接触这五种爱的语言，这些同样也适用于我们和孩子之间。家长可以将其用在亲子沟通中，尤其是称赞的语言、鼓励的语言、温暖的语言

---

① 30条人际关系准则，真正提升你的社交情商[EB/OL].《人民日报》法人微博，2017 - 04 - 22. https://weibo. com/2803301701/EFDnkqc46? refer _ flag = 1001030103_.

和感谢的语言这四种实用的肯定的语言，耳濡目染中孩子慢慢学会人际沟通技巧，一定能减少人际冲突，拥有更多好人缘。

（四）提升孩子人际交往能力

人际交往能力不是天生就会的，需要家庭和学校指导孩子学习并熟练掌握，这是一生受用的能力。除了知道人际交往原则，熟练运用人际沟通技巧外，还需要保持良好的人际交往心态。在现实生活中，一些孩子持有"你好，我不好"或"我好，你不好"的竞争心态，好像你和我只能有一个好，这种心态很容易造成嫉妒心理，让矛盾升级，冲突增多。还有些孩子持有"我不好，你也不好"的幸灾乐祸心理，有些孩子自己打游戏影响学习，还要影响其他同学，因为大家都不好就没有压力了。良好的人际交往心态应该是"我很好，大家都很好"，当自己取得进步时，乐于与大家分享经验，让别的同学能和自己一样变得更好，这样的心态会让学生收获更多的友谊，也会携手共同进步。

三、异性交往也需要指导

（一）过度反应要不得

很多家长会对孩子的异性交往特别关注，但若处理得不好，很容易造成孩子的逆反心理。家长乱猜忌会让孩子感到不被信任,孩子可能会想:反正你们认为我在谈恋爱,那么我就谈谈看。在学校,如果有人传两个人的"八卦",原本这两个人也许并不怎么互相关注,听到流言,反而可能彼此关注,甚至最后真的在一起了。学生的朋友有同性也会有异性,不代表有异性就一定会发展成为恋情,家长的猜忌往往会适得其反。

(二) 理性看待恋爱的积极作用

李玫瑾教授曾说过家长要转变观念,当孩子早恋时,父母的态度首先应该是"我很高兴我的孩子有人爱",然后再进行引导。青少年时期的恋爱,有时候很单纯,也会让孩子产生无限的动力,努力让自己变得更好,学习上也可能更努力,这些都是恋爱的积极作用。

当孩子遇到恋爱方面的烦恼时,如果信任父母,会主动告诉父母,这时父母可以及时介入并进行引导。比如女生小茹进入大学后告诉妈妈她有男朋友了,妈妈的第一反应是:恭喜你,你长大了! 接下来,小茹特别注重自己的言行举止,原本邋里邋遢的她开始把自己收拾得清清爽爽,还时不时整理自己房间,读书也更认真了,举止也更文雅了,努力表现出自己最好的形象。

(三) 教会孩子学会辨别

小茹妈妈在恭喜小茹长大进入人生新征程的时候,也建议他们能保持适当的距离,慢慢了解,直到弄清楚到底喜欢和不喜欢对方什么。青春期阶段的恋爱很多属于不成熟的恋爱,比如好奇型、从众型、游戏型、炫耀型、物质型、补偿型、仰慕型和逆反型恋爱。有的孩子只是因为对恋爱或者异性的好奇而想去探索和了解;有的孩子因为周围有人恋爱了,自己不恋爱好像显得自己没人爱;有的孩子带着游戏心态去体验恋爱生活或者纯粹是为了好玩,让自己的生活不那么枯燥乏味;有的孩子因自己的男朋友或女朋友帅气漂亮或者成绩好,在朋友面前可以炫耀;还有的孩子因为对方的小恩小惠而被迷惑;有的是因为家庭不温馨,感受不到父母的爱,所以更珍惜恋爱中的那份关爱;还有的因为仰慕或者迷恋对方而陷入爱情之中;更有的是因为逆反心理,凡是家长或者老师不允许做的事情,自己偏要去做,以宣告自己已经长大。

家长可以借着影视和文学作品与孩子一起探讨男主人公或者女主人公的恋爱类型,也可以根据实际情况和孩子一起分析,提升孩子的判断能力,让孩子更理性地看待青春期的恋爱。

(四) 引导孩子学会爱自己

青少年时期的恋爱大多持续不了太长时间,主要是因为青少年自己还不够成熟,所以在恋爱关系中因为爱的能力不足而枉费心神。一个管理不好自己情绪的人是很难体谅他人情绪感受的,一个连自己都照顾不好的人怎么能指望他在恋爱关系中照顾对方呢？因此，我们要引导孩子先学会接受自己并能爱自己，才有能力去爱别人。

小美和小溪在相互倾诉中成为一对小情侣，小美自己对容貌不自信，非常渴望得到同伴认可，而小溪因为家庭关爱不够，所以非常缺爱，这两个人在一起，恰好满足了彼此的心理需求，小美得到了小溪的欣赏和赞美，而小溪获得了小美的崇拜和关心照顾，事实上两个人自身都很不成熟，这份感情带给他们的更多是不安全感，因此困扰不断。

没有谁天生就会爱别人，爱是需要能力的，爱的能力包括人格的健全、心理独立、体谅他人的感受、尊重和关心他人等，只有当孩子在这些方面都发展好了，爱才会水到渠成。

（五）青春期教育有技巧

对青春期学生开展性健康教育的重要性已经被广泛认同，但是如何教育却是困扰众多家长的大问题。下面分享某心理老师是如何在课堂中进行性健康教育的，其中的教育智慧供大家参考。

在《青春健康教育之学会拒绝》一课中，呈现一组情景幻灯片，请学生根据内心真实想法选择。

幻灯片1：假如你心仪已久的 TA 约你今天晚上谈谈，而你晚上有一节选修课。A. 去；B. 不去。这时学生们会身临其境,根据自己的真实想法做出选择,也纷纷交流了自己之所以这样选择的理由。

幻灯片2:如果去的话,你会选择坐在什么地方?A.路边长凳上;B.僻静无人处。从该选择可以看出学生的自我保护意识和对此次"约会"的期望。

幻灯片3:如果相谈甚欢,对方提出到TA家听听新买的音带。A.去;B.不去。去与不去的理由很多,有的是因为不会拒绝,有的是认为自己不会吃亏,还有的是有所期待;从中也可以看出学生的自我保护意识和拒绝技巧。

幻灯片4:如果TA家空无一人,气氛十分浪漫,这时TA想拥抱你。A.拒绝;B.接受。对此有的觉得水到渠成,有的觉得时机未到,但对于如何拒绝往往不知道如何恰当表达。

幻灯片5:如果对方进一步提出性方面的要求。A.接受;B.拒绝。对此题极少有学生表示"接受",甚至有学生认为一开始对方邀请自己就是别有用心。学生讨论怎么拒绝,发现其实到这一步已经很难拒绝,所以还是不要让事态发展到这一步才是更好的做法。

大家还得出这样的结论:很多时候男生陷入一段恋情不是因为真爱,而是因为"死要面子"或者不知道怎么拒绝，于人于己都是不负责任的；女生还是矜持一点好，太大胆的女生容易引起不必要的麻烦。

　　这样的结论实际上是在教师的引导下，学生自发讨论得出的。对于学生表达的任何理由，教师都不立即进行对与错的评论，因为这些都是他们的真实想法，也是思维的碰撞。讨论中，学生们可以更多地了解同龄人的想法，也知道自己的想法是否能得到同龄人的认可，这些都有助于他们及时调整自己的想法，明辨是非，也提升了决策能力和社会适应能力。

　　待学生有了一定的共识后，老师可以设置几个生活中常见的需要表示拒绝的场景进行迁移训练。学生再也不会认为这些场景自己不会遇到，反而会认为其实每个人在不知不觉中都可能遇到，从而提高实践运用能力。

第四节　星与心愿——榜样的力量

　　青年的思想愈被范例的力量所激励，就愈会发出强烈的光辉。

——法捷耶夫

在人的一生成长中,榜样的力量不容忽视。也许对幼儿来说,高大的爸爸可能是自己崇拜的人。对小学生来说,那些故事中的英雄人物可能是自己的偶像。对中学生来说,某个电影明星也许会成为他们的偶像。谈及对青少年的影响,这些崇拜的偶像甚至超过父母和学校老师。

下面让我们先来了解一下青少年的追星现象和榜样对青少年的影响吧。

一、追星现象面面观

名人对大众有特殊的影响,在生活中,与名人有关的一切话题都容易被人关注,名人容易被大家所喜爱,让人们产生接近的愿望。这种现象在心理学上叫作"名人效应"。[1]

青少年是一个比较容易受名人影响的群体。由于认知和心理发展特点,青少年更容易被名人的外在形象所吸引,因而他们喜欢的名人多为歌星、影星一类,甚至会出现追星现象。"Fans""粉丝""idol""饭圈"等词语都是与追星文化有关,因为追的对象不同,他们有的被称为歌迷,有的被称为影迷、球迷……

有些青少年追星只是自己的行为,但是有些人的追星行为已经近乎疯狂,给家庭和自己造成了严重的影响。

---

① 朱彤.父母要懂点心理学:77 个心理规律在家庭教育中的应用[M].北京:中国广播影视出版社,2007:131—132.

通过研究,我们发现青少年追星行为和偶像崇拜具有以下特征。

(1)理想化

理想化是指把偶像想象得完美无缺。在青少年眼中,自己的偶像什么都好,长相完美,性格很好,偶像的一言一行都是那么完美,偶像的影视作品都是最好的。根据李文君老师的《初中学生追星情况的调查研究》,初中生追星的理由中,58%的学生是被明星的品质所吸引。

(2)浪漫化

青少年会将自己代入偶像生活,对偶像产生浪漫的幻想和依恋。有些人不远千里也要去现场见偶像,不仅想现场看到,还想近距离合影,总认为偶像也会喜欢自己,离开了偶像,自己就失去了生活的动力。

(3)绝对化

对偶像绝对信任,不容许他人有不同的见解。有些人认为偶像说的都是对的,一旦有人说偶像不好,粉丝就会和这个人争执,甚至引发较大的人际冲突。

明星道德问题事件频出,治理娱乐圈乱象的呼声越来越高,这就需要从国家法律、网络监管、家庭教育、学校教育等多管齐下对青少年进行引导,最重要的还是青少年对追星行为心态的自我调整,那就先从了解追星的心理学效应开始吧。

二、追星文化背后的心理学效应

为什么青少年会热衷于追星呢？著名心理学家、哈佛大学心理学博士岳晓东在 2011 年曾出版一本关于追星的书籍——《追星与粉丝：揭秘偶像崇拜中的心理效应》，讲述了各种追星故事。[①] 他运用现代心理学科学研究方法，追踪调查了追星群体的人格特质及心理动机。书中提出"三星崇拜""追星与依恋类型的关系"等观点，让人对"追星"这一现代社会现象有了更加深刻的认识。岳晓东在书中提到：对偶像的崇拜，就是对自己的崇拜。因此我们不能简单地以"好""坏"来作为评价青少年追星行为的标准，也不能对崇拜对象进行道德划分，认为崇拜科学家、政治人物就是好的，崇拜影视明星就是不适宜的。青少年追星从本质上来说，是一种对美好的信仰，这是最值得肯定也是最难能可贵的东西。但是，我们也需要看到追星文化背后的一些心理学效应。

（1）晕轮效应/光环效应

晕轮效应又叫光环效应，是指当人们对某个对象有了一定的好或坏的定论，在以后的相处中就容易出现不太客观的评价与认识。

这种心理学效应在粉丝追星中尤为明显。面对在舞台上

---

① 岳晓东.追星与粉丝：揭秘偶像崇拜中的心理效应[M].北京：机械工业出版社，2012：75—78.

或银幕中充分展现自我能力与个性的明星,粉丝很容易产生一种崇拜之心,遥远的距离让粉丝觉得偶像处在云端遥不可及,宛如头顶光环的王者,殊不知正是这散发着光晕的光环容易模糊青少年的视线。

（2）羊群效应

羊群中经常会有一只领头羊带领着大家前进,而其他的羊就是它忠实的"追随者"。羊群效应就是指随大流,盲目跟风。

在追星圈中常常有盲目跟风现象,当某部电视剧大火,人们会追捧其中的主角,而当过一段时间又会有新的影视剧崭露头角,人们又会再一次随着潮流去追新的明星。但是很多报道显示,这些跟风现象的领头羊并不一定就是方向正确的领头羊,可能只是在背后操纵流量的资本。

（3）标签效应

标签效应是指一旦人们被贴上了一个固定化的标签之后,就会不自觉地按照这个标签去行事。而在追星中亦是如此,一旦人们在自己身上贴了某某明星粉丝的标签之后,就会下意识地维护该明星,遇到相关的网络新闻也会偏向信任自己崇拜的明星;而坚信自己是"铁粉""死忠粉"的人甚至会把信任明星和维护明星利益当作自己的责任,哪怕自己的偶像真的犯了错误,他也愿意主动为其找借口,认为是情有可原。

（4）曝光效应

生活中我们常常会存在一个认知误区,认为熟悉的东西总是比同类的其他东西要好一些，这就是曝光效应。

于是许多品牌商纷纷加大宣传力度，广告应接不暇，这都是为了提高商品在人们生活中的曝光度，一方面加深产品在人们记忆中的印象，另一方面也提升人们对它的好感度。明星总是热衷于上头条、上热搜，就是利用了曝光效应，甚至自爆黑料，因为他们认为"黑红也是红"。

（5）富兰克林效应

富兰克林效应是指人们更愿意去帮助自己曾经帮助过的对象。这与经济学上"沉没成本"的概念类似，以往已经付出且轻易不可收回的成本，实际上与本次决策并无关系，却容易引导人们继续付出。

这种心理学效应在追星圈中也常常有所体现。比如在网络上帮助自己偶像进行比赛竞争而做的各种投票、超话打卡、购买周边等行为，使得这些粉丝更愿意在下一次继续帮助自己的偶像，甚至因某些原因而脱粉的人们，也很少会对自己曾经的偶像做出诋毁等行为。

（6）宣泄效应

心理学上的宣泄是指释放负面情绪并获得满足愉悦感。在日常生活中，每个人都会面临不同程度的压力，承受由压力带来的负面情绪，选择一个宣泄情绪的出口至关重要，而追星也是一个有效释放负面情绪的通道。当感到消沉的时候，观看自己偶像明星参演的电视节目，就能释放负面情绪并获得满足愉悦感。

（7）投射效应

投射效应是指将自己的特点归因到其他人身上的倾向。大部分人都有一个理想中的自己和理想中的伴侣，粉丝对偶像明星的崇拜便是将对自己的期待、对优秀伴侣的渴望投射到他们身上，而当一个偶像明星涵盖了某个人所期望的自己或伴侣能够拥有的特质后，他便容易被这个明星所吸引。

（8）认同效应

认同效应又称为"名片效应""自己人效应"。它是一种心理现象，是指引导者通过表达与对象之间的观点或特征方面的相似性，使被引导者产生一种认同感，从而缩短彼此的心理距离，消除或弱化对方的防范心理，取得倾向于对方的观点，接受对方引导的效果。

偶像明星通常会设立一个有自己个性特征的"人设"，并随时在大众面前展现出符合这个"人设"的价值观、外貌形象、人格特征等，粉丝们便会对这种包装出来的角色结合自己的偏好产生认同感，进而加深自己对偶像的情感。

（9）补偿效应

心理学上有一个代偿效应，这种效应是指一种劣势往往会倒逼出一种优势，比如盲人的听觉往往更敏锐，失去双手的人脚趾更灵活，等等。这种现象不仅在生理上有，在心理、职场、社交等方面都有。而补偿效应，也就是我们常说的"失之东隅，收之桑榆"。在现实生活中，如果外貌不够出众、学业事业不够优异、人际关系经营不善、在家庭中得不到理解，常常会使人陷入一种无力感,但在追星过程中,可以通过代入自己喜欢的明星角色,获得力量,并得到自我价值感、优越感的"补偿"。

（10）归属效应

马斯洛的需要层次理论将人的心理需求从低到高分为五类,包括生理需求、安全需求、归属需求、自尊需求及自我实现需求。粉丝关注属于归属需求。一个拥有共同话题、共同期望、共同理念的组织能够给人带来被接纳、被理解的感受,粉丝群便是这样一个为个体提供归属感的存在。

（11）准社会关系

美国社会心理学家唐纳德·霍顿和理查德·沃尔曾经提出准社交关系的概念,它指的是大众与媒体人物之间的一种单方面关系,也是一种单向社会关系的幻想。粉丝们将大众传媒中的人物当作真实人物做出反应,如认为明星也喜欢自己,这种准社会关系类似于面对面交往中建立的人际关系。

以上心理效应是不是让我们更容易理解青少年的追星行为了呢?

三、家-校-社携手,协助孩子理智追星

有人说追星使青少年经历了一个由相信他人到相信自己的转化过程,在青少年成长过程中,追星就是在不断追求更好的自己,当我们回首往事,就会发现那些曾经成为自己偶像的

人，身上都存在自己在那个时间节点所希望拥有的美好。在青少年人生观、世界观和价值观形成的重要阶段，怎么样让偶像崇拜更好地促进青少年成长，而不是因为盲目追星而滋生烦恼呢？

（一）国家加强监管

2021 年 8 月 25 日，中央网信办发布了《关于进一步加强"饭圈"乱象治理的通知》，①提出了 10 条要求，分别是：①取消明星艺人榜单；②优化调整排行规则；③严管明星经纪公司；④规范粉丝群体账号；⑤严禁呈现互撕信息；⑥清理违规群组版块；⑦不得诱导粉丝消费；⑧强化节目设置管理；⑨严控未成年人参与；⑩规范应援集资行为。这 10 条要求对规范互联网上的乱象具有约束力，对青少年的网络追星行为也是一种约束。网信办不仅从文件规范角度发文，还从技术上进行监管，譬如对自媒体账号和内容进行监督和管理，对微信群等平台进行登记和监管，对不雅音像信息识别与拦截，对不雅或者违反法律法规的言行识别与拦截，对转账资金进行监控与提示，对青少年设置未成年人账号，通过"防沉迷"软件进行限制和约束，对违规明星从严惩处，等等。这些都有助于从政策法规、技术支持、监控管理等方面协助青少年理智追星。

---

① 关于进一步加强"饭圈"乱象治理的通知［EB/OL］.中华人民共和国国家互联网信息办公室,中央网络安全和信息化委员会办公室,2021－08－27. http://www.cac.gov.cn/2021-08/26/c_1631563902354584.htm.

（二）社会注重舆论引导

先进的文化能鼓舞人，在青少年三观形成的重要时期，先进的文化和舆论的正向引导与影响是非常重要的，因此，从社会层面加强舆论引导，宣传先进文化，通过具有时代精神的榜样来激励青少年成长。比如推选并宣传正能量代表，让青少年对这些先进典型和事迹有所了解，并从内心深处产生敬佩、景仰和学习的动力。社会各界应广泛推广宣传活动，如劳模和先进工作者推选、感动中国人物评选、时代楷模、教育育人楷模、时代好少年、优秀学生与学生干部等，并进行典型人物先进事迹报道，这既是一种榜样示范，又是一种文化导向，可以反映时代风貌，弘扬正气，催人奋进，让榜样的正能量激励青少年成长。

（三）家长做好正面引导

在青少年慢慢长大的过程中，陪伴青少年时间最久，最了解青少年，也最容易影响青少年的莫过于家长了。家长要做些什么才能引导青少年理智追星呢？

第一，家长要密切关注孩子成长阶段中的心理需求和心理变化。

对学龄前的青少年来说，家长就是他们心中的偶像，家长的一言一行无时无刻不在影响着他们：学着妈妈的样子化妆，穿高跟鞋；学着爸爸的腔调说话，在小朋友面前把爸爸当成英雄。小学生对于家长和老师往往也是非常喜欢的，他们会因为喜欢某位老师而愿意靠近这位老师，听从这位老师的建议，当然他们也会把动画片中的那些英雄当成自己的偶像，通过家长和老师获得认可，发展自我认同感。初中生的自我认同感往往更多来自同伴的影响，所以这时候他们会为了与同伴有话题而接触和了解球星、明星的生活，他们会为了喜欢谁、不喜欢谁而形成小团体，这是一种兴趣发展，更是一种归属感的心理发展需求。到了高中，青少年越来越在内心深处弄明白自己真正想要的是什么。这一阶段他们可能会带着怀疑的态度看待成人的教育，他们会为了自己在乎的人物而奋不顾身，为了某位偶像而投注全部精力，这也许是一种独特的表现，也许是一种对未来自己成长目标的期待。

第二，树立孩子正确的金钱观。

现实生活中，有的青少年为了打赏自己喜欢的网红而一掷千金，丝毫不考虑家长的血汗钱来之不易，这可能也与家长在孩子成长过程中缺少对正确金钱观的培养有关。很多家长愿意倾其所有为孩子买这买那，只要别的孩子有，自家孩子就不能少，甚至有的家长盲目攀比，美其名曰为了孩子，却咬牙高消费。孩子们不知道这些物品的价值，当然也就不知道珍惜。他们只知道：只要自己喜欢的，家长都会买给自己。所以在追星过程中，一旦受到自己喜欢的人物的诱导，往往会不加判断就买回很多价格昂贵、华而不实的周边产品。

第三，培养孩子的时间管理能力。

　　家长需要从小就注重培养孩子的时间管理能力,指导孩子分清轻重缓急,知道什么事情对自己而言是重要的,知道哪些事情对自己而言是不重要的,知道做这件事情需要多少时间,从而形成时间概念。指导孩子把主要精力花在最重要的事情上并且需要优先完成,还要注重提高单位时间的效率。指导孩子在时间不够用时如何取舍,能将有限的时间用在锻炼自己综合能力的事情上,多做时间效能感强的事情。

　　第四,给予孩子理解和陪伴。

　　绝大多数孩子是与父母一起生活的,看起来是共同居住,但是陪伴的质量令人堪忧。在孩子年幼的时候,有的家长自己沉湎于电子产品或者忙于工作,和孩子虽然生活在同一屋檐下,但是并没有做到真正的陪伴,儿童需要的亲子游戏时间不足,很多孩子追星行为背后的原因就是由于内心的孤独感和对明星生活的代入感。如果家长能多了解孩子,进而理解孩子,多一些高质量陪伴,那么无论是亲子关系、家庭氛围还是家庭支持都会好很多,在孩子有困惑的时候,家长也能及时倾听和支持。

　　第五,协助孩子获得精神支持和归属感。

　　根据马斯洛的需要层次理论,当人的最基本的生理需要和安全需要得到满足的时候,归属的需要、成就感这些精神层面的需要就会显得更加迫切,对人的影响也会更大。孩子在慢慢长大的过程中,渴望自己属于某一个群体,渴望自己被认同,希望能和志同道合的伙伴一起为了共同的目标而努力,这些都是人的本性,如果在现实中得不到满足,那么必然会寻求其他能满足的途径。追星往往会让青少年感受到这种归属感和精神支持,因此追星行为动力十足。

第六,引导孩子通过积极的方式缓解压力。

很多青少年追星的原因在于学业压力太大,又找不到解决的办法。明星的成功让青少年误以为自己也可以走这样的发展道路,另一方面,也可以转移注意力,以此来逃避现实中的学习压力。因此,家长需要引导青少年学习更积极的缓解压力的办法。可以引导青少年理性看待生活中的压力,也可以引导青少年有针对性地用休闲娱乐、强身健体、发展兴趣、提升能力等更积极的方式来缓解压力。

(四)学校通过丰富多彩的活动鼓舞学生

榜样的作用是无穷的,学校可以充分挖掘青少年喜闻乐见的正面典型人物,发掘并宣传青少年喜欢的先进楷模和正面典型,如感动校园人物、科创之星、校园十大歌手等,协助青少年树立远大理想和人生发展目标,并能将个人发展目标和国家发展目标联系起来。

学校也可以通过兴趣小组、社团活动等形式培养青少年的兴趣爱好,并提供展示的机会和舞台,让青少年有动力、有机会、有平台发展自己,成为自己的偶像。不少电影演员在读书时代就曾被选作为学校活动的主持人,激发了演艺的兴趣,从此在学校各种舞台上锻炼,最终成为职业演员。

学校还应该加强班集体建设,形成积极向上的班级文化,促进青少年融入集体,获得归属感。

学校可以设计多种实践活动,协助青少年开发潜能,提升综合能力,获得成就感。比如有的学生在学校组织的大型活动中担任学生导演,从此发现自己竟然还具有导演的潜能,后来主动加强编导选修课学习,考大学时真的考入了编导专业。

学校可以通过主题班会和各种活动引导青少年理性看待明星:为什么喜欢他?能从他身上学到什么?是否和自己的短板与期待有关?在追星过程中自己获得了哪些成长?有什么困扰?有没有更值得自己追求的目标?有没有更值得自己学习的榜样?有什么更好的改变自己短板和实现自己期待的途径?

(五)青少年要理智追星

每个人都是自己行为的责任人,作为追星行为最重要的责任人——青少年自己,在行为上也需要变盲目崇拜为理智追星,学会客观看待偶像的言行举止。将注意力更多放在偶像的优点上,找到偶像身上值得自己学习的地方,让偶像成为激励自己的精神力量,让自己更有动力改变自身行为,促进自我成长。

青少年不妨尝试寻找身边的榜样,学习榜样身上的闪光点,努力学习,加强实践,让自己拥有独立思考能力和时间管理能力,能主动发展多方面的兴趣,主动改善人际关系,提升明辨是非能力、情绪管理能力、压力应对能力。通过这些能力提升，让自己变得更好，真正成为德智体美劳全面发展的社会主义事业建设者和接班人。

第二章

健康成长
——心理危机 OR 成长挑战?

从现在到 21 世纪中叶，没有任何一种灾难能像心理危机一样给人们带来持久而深刻的痛苦。

——司徒农

相信所有家长的心愿莫过于希望孩子健康成长了，但孩子的成长过程，却很难始终一帆风顺，有时难免会出现这样或者那样的意外。心理危机就是其中的一种意外，但也有人说心理危机其实是一种成长的挑战。

第一节　不容忽视的心理危机

逆境帮助生存，危机提高警觉，困境刺激思维。

——余世维

孩子在成长历程中，会遇到很多挫折与挑战，别人眼中的优等生也许内心充满了矛盾和冲突。家长以为孩子很乖，其实孩子内心可能正在孕育着"叛逆"的种子。当孩子找不到生活的方向或者感受不到父母的关心时，很可能就会陷入心理危机中,甚至可能出现严重的危机行为。

心理危机干预理论创始人凯普兰在 1964 年给心理危机下过这样一个定义:当一个人面对困难情境,他先前处理问题的方式及惯常的支持系统不足以应对眼前的处境,即他必须面对的困难情境超过他的应对能力时,这个人就会产生暂时的心理困扰,这种暂时性的心理失调状态就是心理危机。从这个概念我们可以发现,每个青少年都有可能处于心理危机之中,因为困难情境无所不在,只要超出个人应对能力,就有可能让青少年处于心理失调状态而陷入心理危机,哪怕这个危机对别人来说可能是很小的一件事,但是对抗挫能力差的青少年,可能就是"压垮骆驼的最后一根稻草"。

对青少年来说,常见的心理危机有三种类型。第一种类型是发展性心理危机,主要是指随着青少年成长,尤其是进入青春期后,随着成长话题而出现的与学业、升学适应等有关的心理危机。第二种类型是境遇性心理危机,如火灾、地震、疾病、疫情、人际纠纷、重要的亲友去世、失业、失学、被侵犯、考试不及格、上当受骗等青少年很难接受的重大事件。第三种类型是存在性心理危机,如对生命意义、人生价值、责任、独立、自由的思考与迷茫。

实际上,处于危机中的青少年往往会用自己的方式来发出求救信号……

一、当孩子自伤时

　　在学校组织的例行心理访谈中,心理咨询师说起有些人在情绪特别困扰的时候,会伤害自己。心理咨询师问高一年级女生小顾身边有没有这样的同学时,小顾竟然伸出自己的胳膊,告诉咨询师她自己就是这样的同学。小顾在上小学时发现一个同学在自残,她觉得这个同学很懦弱,但当她看到这个同学自残行为被发现后,所有人对这个同学都很关心,小顾觉得自残也不一定是坏事。上初中时,小顾有一天和父母吵了一架,独自待在房间里,忍不住用美工刀划下去的时候,内心很忐忑,她怕痛,怕出血,怕别人会用异样的眼光看她,但是她内心深处更希望父母知道她的痛苦。想不到当小顾故意伸出受伤的胳膊夹菜的时候,她察觉到妈妈的目光,但是妈妈却什么也没说什么也没做!

　　"他们根本就不在乎。"小顾恨恨地说,既然父母都不在乎自己,自己又何必珍惜自己呢? 此后,每当她不开心,她就会时不时割一道。看着小顾手臂上纵横交错的伤痕,心理咨询师知道每一道伤痕背后都有一个伤心的故事。

小顾的父母却告诉心理咨询师，他们早就知道女儿的自伤行为，但是他们之所以假装没看到，一方面担心这是孩子要挟家长的手段，一旦大惊小怪，孩子以后会更加不听话；另一方面，他们真的不知道怎么和孩子聊这个话题。

让我们一起来了解什么是自伤行为吧。2022年10月8日，北京大学第六医院/国家精神卫生项目办微信公众号"精神卫生686"发布一篇名为《无声的呐喊——青少年非自杀性自伤》视频，视频中提出"非自杀性自伤是指在没有明确自杀意图的情况下，反复故意伤害自己身体的行为，简称自伤行为"。①

在现实中，青少年的非自伤性自杀比不上自杀的危机干预那么受重视，往往不被家长和老师关注，但又非常常见，因此我们需要引起足够的关注。

在青少年的成长历程中，会发生很多事情，有些在别人看来可能是很小的事情，但是对青少年本人来说可能是重要的生命里程碑事件，可能引发较大的情绪困扰，继而可能诱发危机行为。自伤行为在青少年人群中普遍存在，在青春期达到顶峰。《无声的呐喊——青少年非自杀性自伤》视频中提到有

---

① 无声的呐喊——青少年非自杀性自伤[EB]. 国家精卫项目办精神卫生，2022 - 10 - 08. https://mp. weixin. qq. com/s/uSI97O7lh7o-YS8y3d53xg.

16.9％的 12—18 岁青少年曾经有过非自杀性自伤行为，女孩比男孩多见。

　　然而，青少年为何会伤害自己？自伤行为向我们传达什么信息呢？据调研，青少年自伤有的是为了摆脱痛苦，让生理上的痛掩盖心理上的痛。有的是为了惩罚自己，当觉得自己做错事情，或者愧对家人时，通过这种方式的自我惩罚来减轻愧疚感。有的是想引起关注或让别人理解自己。前文中的小顾就属于这种情况，她希望通过这种方式被父母关心关注，希望父母知道她很伤心，但是父母假装没看见的行为反而让她更加痛苦。有的孩子是希望一直吵架或者形同陌路的父母能够将注意力转移到自己身上，当父母因为自己的自伤行为转移了注意力，不再争吵时，就会觉得自己自伤是有价值的，至少让家庭获得了短暂的平静。有的是作为缓解负面情绪的一种办法。小顾后来的行为主要属于这一种，每次自伤后，她就会觉得自己内心的痛苦仿佛被释放了一些。甚至个别学生自伤是为了让自己通过疼痛来感受活着的感觉。

　　面对青少年自伤，我们该如何应对呢？

　　（1）减少不良压力情境

　　很多自伤的孩子与不良的压力情境有关，有的家长期待过高，有的孩子得不到父母的关心，情感冷淡，有的孩子每天被家长挖苦讽刺，甚至有的孩子还时常被父母责罚打骂。家长要意识到自己的言行对孩子身心发展的可能影响，有意识地从自身做起，减少这些不良的压力情境。

（2）积极倾听孩子内心

繁体字的听字是这样写的——"聽"，意思是听不仅要用耳朵听，还需要用眼睛观察，用心去听。倾听时，要放下所有主观想法和意见，不强调对与错、好与坏。

当我们看到孩子脸部发红、双唇紧闭、手臂或双腿交叉、说话快速、姿势僵硬、握紧拳头，这时候孩子可能已经产生了愤怒的情绪。若不顾及孩子的情绪感受，我们继续说教很可能马上就要引发人际冲突了。当我们看到孩子双唇紧闭、双眉皱起、斜眼看人，翘起一边嘴角、摇头、眼珠子转动时，很可能是孩子对我们说的话产生了怀疑。当我们看到孩子眼光飘忽不定、打呵欠、玩弄纸笔、胡乱涂鸦、身子往一旁倾斜以避开别人的目光时，很可能是孩子对我们说的话根本不感兴趣。

当我们用心去倾听孩子内心的时候，就会发现孩子的言行背后可能有自己的心理需求。比如当一个孩子说"我害怕做数学题，明天考试我一定考不好"，很有可能表达的是自己的担忧焦虑，并非希望大人给他讲解数学题，更不是希望大人去探听数学考试考什么或者去指责评价他之前是否努力学习数学。

在我们倾听的时候，我们还需要及时做出积极回应。比如眼神关注，表情随着孩子说话内容有所变化，回应时多用"什么""怎么样""哪里""怎样""能不能""愿不愿意告诉我"这样的开放式提问方式，少用"是不是"这样的封闭式提问，少用

"为什么"这样的容易引起阻抗的问话语句。

（3）营造温馨成长氛围

如果青少年长期生活在不断被指责、被否认、被纠正、被训斥的情况下，是很难把事情做好的，反而更容易形成习得性无助，因此家庭、学校和社会需要携手营造有利于青少年成长的温馨氛围，让孩子感到被理解、被支持并被鼓励。

对青少年来说，同伴支持的作用是家长和老师很难替代的。有研究表明有一半以上的自伤青少年曾向好朋友倾诉，因此营造良好的班级文化与人际关系，教会青少年彼此尊重、倾听和理解，让青少年在朋友描述自伤行为的时候能够积极倾听、理解他们的感受并能提供积极的建议也是很重要的。

（4）提升孩子应对能力

引导青少年多参与校内外的社会实践活动，在实践活动中多体验、多感悟并提升各种综合能力。综合能力提升了，孩子会更加自信，也就更加有能力应对各种挫折情境。

此外，还可以指导青少年学会觉察自己的情绪，并能及时进行心理调节，通过宣泄负面情绪缓解压力，通过转换想法改变对一些事情的执念，主动通过运动、音乐、社交等形式增强自我效能感。

（5）及时转介专业机构

虽然一开始自伤的时候并一定是因为心理疾病，但是有过很多次自伤的青少年往往后续会产生抑郁症等各种严重心理问题,因此需要及时转介到精神卫生中心等专业机构,在医生的专业评估和诊断下进行正规治疗。家长要鼓励孩子及时就诊,按时服药,并进行定期心理咨询。

总之,面对青少年自伤行为,个人、家庭、学校和社会需要一起行动,将青少年从自伤危机中解救出来,与青少年一起建立关于自己、关于未来的美好希望,共同构建未来美好人生。

二、当孩子被欺凌时

初二女生小娅妈妈说起前几天发生的事情就非常生气,她当宝贝一样养着的女儿,竟然在学校被同学欺负了,现在还躲在家里不敢去学校上学。

那天小娅班级有体育课,在自由活动时,小娅跟着几个女生在操场角落的小树林里玩,想不到那几个女生故意想整整她,她们问小娅要不要玩一个好玩的游戏,小娅当然求之不得,就说想参加。那几个女孩于是用体育课上的跳绳将小娅绑在一棵树上,让小娅自己想办法挣脱。小娅好不容易挣脱了。她们又改了一种捆绑方式,让小娅再想办法挣脱。就在小娅努力想办法解绳索自救时,下课铃声响了,那些女生自顾自去整队下课,完全不顾小娅还被绑在树上这回事。直到下一节课老师点名,才发现小娅不在,等班主任找到操场的时候,才发现小娅一个人孤零零地被牢牢绑在树上,一脸恐惧,泪流满面。

虽然学校严厉批评了那些女生,体育老师也受到严重警告处分,但小娅妈妈想到女儿受到的委屈和现在的样子,仍心痛不已。

2017 年教育部等 11 个部门联合发布的《加强中小学生欺凌综合治理方案》中指出,中小学生欺凌是指发生在校园内外、学生之间,一方(个体或群体)单次或多次蓄意或恶意通过肢体、语言及网络等手段实施欺负、侮辱,造成另一方(个体或群体)身体伤害、财产损失或精神损害等的事件。[①] 正如前文提到的小娅被同学开玩笑以玩游戏的名义绑在树上的事件,不管是有意还是无意,都属于一种校园欺凌行为。校园欺凌对中小学生身心发展非常不利,很有可能造成严重后果,让被欺凌者在身心两方面都造成严重影响,需要引起高度重视。《中华人民共和国未成年人保护法》《中华人民共和国民法典》《中华人民共和国刑法》等法律法规中明确规定了实施校园欺

---

① 教育部等十一部门关于印发《加强中小学生欺凌综合治理方案》的通知[EB/OL]. 中华人民共和国教育部, 2017 - 11 - 23. http://www. moe. gov. cn/srcsite/A11/moe_1789/201712/t20171226_322701. html.

凌是需要追究有关法律责任的。

现实中，很多家长和老师在遇到学生欺凌行为时，如果没有及时处理好，可能会助长欺凌行为的再次发生。比如当孩子告诉家长或老师自己被同学欺负的时候，家长或老师主观上先认定被欺凌的学生自己一定有错在先，或者安慰被欺凌的孩子说这只是同学之间的正常互动、打闹和玩笑，或者让被欺凌的学生自己独自去面对和解决问题，甚至有的家长鼓励自家被欺凌的孩子"以暴制暴"，这些都是不可取的。首先我们要分辨什么是校园欺凌。

孩子们聚在一起，往往很喜欢打打闹闹，因此我们需要学会区分校园欺凌和学生间因活泼好动而引起的打打闹闹。校园欺凌与常见的学生间的打打闹闹相比，有这样一些特征：一是主观上有故意、恶意或蓄意的行为。上文中的小娅跟在这群女生后面想加入她们一起玩，但是这群女生却商量用一个游戏来整整她，下课铃响的时候，她们又故意不把小娅松开，反而自行离开，这些都是故意的行为。二是力量上的不均衡。小娅一个人，而这群女生是一群人；小娅个子矮小，而这群女生人高马大；小娅很内向，而这群女生都很暴力；在人数、身体、心理和社会资源等方面这群女生有明显的优势，小娅处于无力反抗的情形中。三是造成的伤害具有一定的严重性。小娅因为被绑，一个人孤零零留在操场角落的小树林里，因挣脱造成手腕受伤，因恐惧造成不敢一个人独处，因担心再次被伤害而不敢上学，因怕被无故伤害而对所有人都产生不信任感，这些都是非常严重的身心创伤,需要长期的心理咨询才有可能去除这一次被欺凌造成的阴影。

一般来说,常见的校园欺凌有以下几种类型。第一类是肢体欺凌,像小娅这样身体被捆绑,或者被推搡、击打,被带有侮辱性的手势对待等。第二类是言语欺凌,如辱骂、起外号、当众嘲笑、言语恐吓或者威胁等。第三类是关系欺凌,如被孤立、排挤、散播谣言等。第四类是财物欺凌,如被勒索钱财,物品被别人故意损坏或拿走等。第五类是性欺凌,如性骚扰、猥亵行为等。第六类是网络欺凌,如利用网络的匿名性,在网络平台上辱骂别人,故意散播隐私、发布或传播不雅照片、造谣中伤等。这些都会对被欺凌者造成严重伤害,也是一种危机行为,对被欺凌者的影响可能长达一生,严重的甚至造成被欺凌者因为想不开而自杀的后果。

如何杜绝校园欺凌现象呢？这是一个系统工程,需要国家、社会、学校、家庭和个人共同努力,才能杜绝或减少校园欺凌现象的发生。

(1)国家层面制定相应的法律法规

细化与校园欺凌有关的法律法规,做到有法可依,执法必严。国家需要加强法律法规的宣传与普及,特别是对监护人和青少年要进行普法宣传,增强法律意识,加强自我防范能力,减少校园霸凌事件。

(2)社会层面营造更安全的成长环境

社会文化对青少年成长非常重要。影视作品中的暴力内容毫无疑问会对青少年造成影响。幼儿喜欢看动画片，并模仿片中角色的言行举止，一些幼儿整天把"画个圆圈诅咒你"这句话挂在嘴上，有些青少年一言不合就用物品敲别人的头，这些都是模仿的结果。

心理学家阿尔伯特·班杜拉和他的同事成功地演示了一个对儿童心理研究发展有很大影响的实验，叫作"波波娃娃实验"，[①]主要研究的是孩子是如何通过外界信息而学会攻击方式的。阿尔伯特·班杜拉认为孩子是通过观察与别人的交往方式而形成他们的行为方法。在实验中，24 组孩子被分别带进一个游戏室，在游戏室里，他们可以看到一组影片，影片里面所展示出的是对待模特的不同行为。而观察模特被暴力对待的一组和温和对待模特的一组分别分开。观察 10 分钟之后，再参与到自由玩玩具的过程当中。孩子们纷纷开始玩起了许多玩具。在看了攻击暴力行为的一组孩子当中，整个过程都会对玩具进行暴力行为，而没有看过攻击暴力行为的一组孩子，他们在整个过程中只是摆弄玩具，并没有出现暴力行为。

科学家对孩子的暴力等级作出了分类并设定了攻击行为的等级。阿尔伯特·班杜拉和他的同事得出结论：在行为上，男孩子的攻击性要比女孩子高，但是女孩子的语言攻击性比男孩子更高。

---

① 宁静空间. 班杜拉的著名实验——波波玩偶实验［EB/OL］. 知乎，https://zhuanlan. zhihu. com/p/33510260.

因此,社会层面需要努力营造文明、尚礼、照顾弱小的文化氛围,对影视题材严格审查,对影视作品进行分级管理,对青少年的观看和阅读范围进行限制,让青少年耳濡目染,慢慢养成文明尚礼的行为品质。

（3）学校层面加强安全防范教育

有时候我们会发现,被欺凌者往往有一些共同特征,通常那些处境不利的青少年,如留守儿童、肥胖、残疾、性格内向胆小的人往往更容易成为被欺凌的对象,因此学校要密切关注这些特殊青少年,要多关注、鼓励并及时帮助他们勇敢直面欺凌行为。此外,我们也会发现"可恨之人必有可怜之处",实施欺凌者大多数也是缺少家庭关爱之人,有时候欺凌他人只是为了通过欺凌的方式在同伴中树立权威,因此学校要密切关注这些青少年,并开展针对性教育。

学校可以通过主题班会、班主任家访、个别教育等方式进行安全教育与安全防范教育。学校还可以开展各种集体活动,引导学生之间建立关爱、尊重和团结的班级氛围。

（4）家长以身作则正向引导

班杜拉通过"波波娃娃"儿童暴力实验,得出了结论:儿童是通过观察和模仿成人,尤其是家庭成员的行为来学习暴力的。孩子在年幼的时候形成暴力心理,与孩子将来产生犯罪的概率有所关联。心理学研究表明:70%的少年暴力罪犯在儿童期就被认定为有攻击行为。

有时孩子一做错事,家长不论青红皂白就把孩子打一顿,孩子挨打之后很容易愤愤不平,这种情绪就容易转移到别人身上,孩子以同样的方式来对待其他人,就这样孩子慢慢会习得暴力或攻击行为。

因此,家长要约束自身行为,不能在家庭中施暴,另外对社会上的不良行为要引导孩子学会分辨,对孩子的日常行为进行约束,通过鼓励等方式引导孩子形成正向良好行为。

（5）个人提升安全防范能力

青少年作为欺凌行为中的主体,更要提升个人防范能力。

首先,青少年要注重高质量的人际关系。研究发现,学生拥有的朋友数量与受到的欺凌次数呈负相关。也就是说,朋友越少的青少年,被欺凌的可能性越大。因此,青少年可以多敞开心扉,多认识一些朋友,尤其是在发展兴趣爱好的过程中多认识志同道合的朋友,并且注重交往的质量,与朋友和睦相处。

其次,提高自信,提升能力。让自己通过积极暗示,鼓足勇气,提升自尊和自信心,针对自己的实际情况努力实践来提升各种综合能力,体质弱的加强体育锻炼,不善于人际交往的注重沟通表达能力的培养。

第三,避免自己成为被欺凌的目标。尽量少与社会不良人员或者学校中行为不端的学生接触和来往,尽量避免自己一个人孤身行动,无论在校园里,还是在上下学的路上,尽量结伴同行,避免去偏僻的场所。

第四,面对欺凌,学会应对。在遇到欺凌时要冷静沉着,不硬碰硬,要懂得周旋,不随意激惹对方,也不显得非常懦弱,尽可能拖延时间,尽量到人多的公共场所,灵活应变。

第五,及时报告,维护自身权益。很多学生在第一次受到欺凌时,往往选择沉默不语,忍气吞声,这样反而助长了欺凌者再次实施欺凌的可能。因此,在第一次受到欺凌时,注意保存证据,报告老师和监护人,通过法律途径维护自身权益。当发现周围有人被欺凌时,也不要因为事不关己高高挂起,要知道这一次被欺凌的是别人,下一次就可能是自己了。

三、当孩子说"不想活了"时

男生小李是一所重点高中高一理科班的班长,初中时他就表现出个性偏执,为人张狂,好表现。稍不如意小李就会狂躁不安,曾在考试时情绪失控将试卷撕得粉碎,吓坏其他同学。小李学习习惯差,作业不能及时完成;缺乏学习动力,曾因暗恋某女生而"奋发图强"努力学习,在遭到女生拒绝后,又变得颓废沮丧。[①]

有一天小李在校园遇到心理老师,说自己"不想活了",并声称已经写好遗书。这引起心理老师关注,经心理评估后,发现小李存在抑郁情绪,有明确的自杀念头且

---

① 张晓冬. 当孩子说要"自杀"时[J]. 大众心理学,2019(12):30—31.

有写遗书等实施行为,遂启动危机干预程序。

学校立刻组成了由校长、德育主任、年级组长、班主任、心理老师等人组成的危机干预小组,并根据小李的实际情况制定了危机干预方案,分别开展危机干预工作。如校长出面约见家长,在心理老师在场的情况下了解情况并给出具体建议,签署家校联系单,以书面的形式说明问题严重性,给出校方应对方案,并向家长提供了防范、监护、教育以及转介建议。德育主任负责收集更多信息。年级组长负责协调任课教师在课堂教学与日常交流中对小李的关注。班主任在班级中对小李的班长工作方法进行指导,增强其自我效能感,并动员和指导同桌来关爱小李。心理老师对小李进行个别心理咨询,聆听小李心声,给予小李情感上的支持,并协助他进行认知改变与行为调整。

(一)"不想活了"背后深层次的原因

1. 父母不良的教养方式

小李父亲脾气暴躁,经常采用暴力的方式打骂小李。年幼的小李被打哭时,会被父亲责骂不像男子汉。小李解决困扰,也主要通过暴力的方式,如撕试卷。小李父母之间关系疏离,母亲是全职妈妈,当父亲事业越来越成功时,母亲只能隐忍自己对丈夫教育方式的不满，甚至转而讨好丈夫。她虽然一直试图保护小李不被丈夫打骂，但是深感无力。在最近一次小李因顶撞大人被父亲抡起凳子打时，妈妈对小李说"你为什么这么不懂事，你这样让我很难做，要不是你，我也不会被你爸爸埋怨"。这让小李觉得很内疚。他心疼母亲，但又觉得母亲根本不在乎自己。父母有时候竟然还开玩笑说如果他不乖就要生二孩，更让小李觉得父母不在乎自己，对自己失望，想要遗弃自己。当小李在心理咨询师的建议下和父母提起"活着没意思"时，父亲认为这是懦夫才采取的行为，并说小李胆子小，怎么可能有勇气去死。因此小李更加想要"死给父母看看"，想看看他们到底在不在乎自己。

2. 好学生的光环效应

从小李的初中心理老师、初中班主任、同学、高中班主任和家长那里了解到，小李自小情绪经常失控，学习习惯不良，但是人比较聪明，所以经常能取得好的成绩。因此，家长和老师比较容易会原谅他不做作业的坏习惯或者时不时发作的坏脾气，一步一步助长了小李的暴躁情绪。因为只要他发火了，别人都会满足他的一切要求，从这个意义上，小李的暴躁也是有功能的，那就是通过这个方式让别人害怕，让别人让着他。因为小李学业成绩好，就自带光环，让家长和老师忽略了他个性上的缺陷。

3. 内心深处的不自信更容易引发退缩行为

小李自尊心强，要面子，这是青春期孩子常见的心态。小李喜欢在班级同学面前表现与炫耀，夸夸其谈，显得自己与众不同，但是进入重点中学，尤其是进入理科班后，同学成绩都很优秀，管理能力强，竞争意识强，对小李来说，学习上有点力不从心，情绪上必然会失落，但是作为班长，他又害怕同学们看出自己的不够好，所以只能强作欢颜。但小李内心压力很大，越来越不自信，还不能向别人倾诉，生怕别人看不起自己，所以这时候会很迷茫，甚至对未来充满恐惧，不知道未来该怎么办，会萌生"也许自杀也是一个逃避办法"的念头。

4. 主动提到"自杀"，其实也是在发出一种求救信号

小李主动找到心理老师，在提到"自杀"的时候，其实内心是挣扎的，这也是在发出求救信号，他内心是希望得到帮助的。当心理老师告诉小李要启动危机干预程序的时候，他是能接受的。当心理老师建议他和父母谈谈自己想法的时候，他也真的去做了。只是在父母那里没有得到想要的回应，所以更让小李感到绝望，因为"父母不会有改变，他们根本不在乎我，他们对我很失望，他们已经想好生二孩了"，因此他对爸爸充满了痛恨，对妈妈充满了厌烦和怜悯——如果自杀，说不定会让爸爸感到内疚，会让妈妈解脱呢！

（二）针对"不想活了"的干预手段

1. 采用家庭治疗的方式进行心理辅导

在小李心理问题与危机念头产生的过程中，其父母的态度起到了重要作用，但是在单独约谈家长时，家长要么不愿意谈及家庭问题，要么站在自己的角度抱怨其他家庭成员。为了看到家庭互动的真实情况，心理咨询师采用家庭治疗中的循环提问技术，引导小李一家人表达内心真正的想法，如"妈妈怎么看待孩子刚刚掉眼泪的行为？""爸爸对妈妈刚刚帮孩子擦眼泪怎么看？""孩子对妈妈帮自己擦眼泪怎么看？""孩子对爸爸的话有什么想说的？"……通过这样的提问，不难发现小李一家人之间的互动模式——爸爸的指责，妈妈的讨好，小李的反抗，小李和母亲之间的粘连关系，父亲与小李之间的疏离、冷漠和粗暴。小李觉得自己让父母失望，给妈妈增加了麻烦；他对父母失望，也对自己彻底失望，更加让小李觉得父母只是在乎自己的学习成绩，只是在乎自己能不能让他们有面子，而不是注重自己的感受，但现在的自己越来越没有学业上的优势了，也就失去了存在的价值，也就没有存在的必要了。当小李父母亲耳听到孩子的内心想法以及自己的行为对孩子造成影响的时候，当父母意识到孩子真正想要的是尊重的时候，孩子内心出现对自己可能不再优秀的恐惧的时候，他们慢慢对孩子有所了解，也开始理解孩子为什么会出现危机行为了。孩子的问题还折射出他对父母之间关系的担心：他认为都是因为自己才让父母不和睦，也许没有自己，他们也会过得很开心。这让父母开始反思自己的夫妻关系，也开始注重和儿子的情感交流。

2. 转介到精神卫生中心进行专业评估与治疗

根据小李的情况，心理老师意识到小李可能存在较大的情绪困扰,从上初中时就不断出现情绪管理问题。事实上他在初中也多次提到"不想活了",只是并没有引起家长足够的重视,而他很快可能因为一些快乐的事情而转移注意力,所以也可能存在抑郁的可能。心理老师建议家长带小李到本市精神卫生中心进行专业评估。经医生评估后,发现小李患了中度抑郁症,后遵医嘱服用抗抑郁药物,情绪很快稳定,服药期间他坚持来校读书,还全家人一起定期接受家庭治疗。

3. 营造关爱宽松的学习和生活环境

如在心理课"自我意识"一课中邀请小李参与"优点轰炸"活动,全班同学真诚地表达了对小李开展班级工作、兴趣、特长、为人处世的认可。小李很开心,他自认为没有优点,想不到同学们都看到了他为班级的付出,也认可他的工作。这种积极的情绪一直延续很久,回家后小李还一直与母亲分享这样的感受,心情很好。

在学校大型活动中,小李担任合唱队的键盘手,在音乐的旋律中,在伙伴的合作中,在观众的欢呼声中,他觉得自己也是有特长的人。得到了大家的认可,小李的自信心大为提升。

在学科学习中,老师们因材施教,布置针对小李的有效作业,个别指导,让他的学习习惯慢慢转变,更注重学习的体验和过程而不是只注重学习结果以及成绩带给自己的感受。

虽然小李在学习和生活中还会因为季节性或者生活事件的影响出现一些情绪困扰,但是其父母的改变和关爱确实让他更有信心面对未来的挑战,他再也没有出现极端的想法。

在遇到危机事件时，大多数家长都很重视，对干预也非常支持与配合，但是小李家长一开始可能有很多顾虑而不愿告诉学校他们家里实际的教育情形，这可能是因为中国传统的"家丑不可外扬"的观念，也可能怕给小李带来负面影响，所以家长不愿提供信息，让学校的危机干预工作一开始时特别困难。虚假的家庭教育信息、不良的家庭教育方式、对危机风险的不以为然，甚至一度指责学校小题大做，这些都让学校开展工作阻力重重。

（三）处理青少年与自杀有关的危机干预原则

1. 危机干预重在预防

生命是宝贵的，一旦危机发生，局面很有可能无法挽回，因此危机干预重在预防。

有一些地区试点"一生一档案"，有一些学校在新生入校时会进行必要的心理测评，这些都是尽早排摸学生情况的举措。如果能够建立初高中特殊学生心理档案共享制度，对学生的心理危机预防也许可以做得更好。根据学校心理健康教育的工作经验，起始年级学生入学后，更容易因为适应困难而出现危机事件，心理素质相对弱的学生更容易产生困惑。

如果青少年出现以下迹象或行为，我们就需要密切关注并给予足够重视：①

---

① 郭兰婷.儿童少年精神病学［M］.北京：人民卫生出版社，2009：167—168.

- 曾有过自我伤害或自杀未遂史；

- 有自责、自罪、幻听、强迫性思维等症状的精神障碍患者；

- 近期发生亲人去世等重大生活事件，有严重的躯体和心理创伤；

- 在日记中流露对人生的悲观情绪；

- 直接说"我想死"，或用隐晦语言说"你再也见不到我了""我欠你的下辈子再还""帮我照顾好父母（或密友、宠物等）""我对任何人都没有用"；

- 长期有严重抑郁症情绪突然好转；

- 已经形成一个特别的自杀计划；

- 和人讨论自杀的方法，开有关自杀的玩笑，搜集有关自杀的资料，或徘徊于江河、大海、高楼、悬崖、大桥等处；

- 患有重病或有失败的医疗史；

- 处置个人物品，向亲人好友赠送心爱之物，还清所有借来的东西或清理债务；

- 频繁出现意外事故或危险行为。

2. 不要避讳与青少年谈死亡话题

事实上在小李事件后，所在学校在心理辅导课程中专门增加了生命教育系列课程内容，从生命的起点、生命历程、生命曲线、幸福人生等方面协助学生以积极的眼光看待自己的生活，以乐观的视角看待人生的磨炼，接受生命中的不完美。这是一个沉重的话题，学生并不会因为家长谈及死亡而主动选择死亡,恰恰相反,避而不谈只会让他们觉得大人并不关心他的感受,这一阶段的学生大多开始思考人生的意义,如果产生迷茫,任何一点小的事件都可能成为压垮他的最后一根稻草。

3. 家校协作，共促成长

青少年生活在家庭与学校共同营造的生态环境中,评价方式、人性观、教养态度都会影响他们的人生观、价值观和世界观,也会影响他们的情绪感受,积极、关爱的良好环境更有利于青少年健康成长,消极、缺爱、冷漠甚至暴力的环境很可能导致青少年心理扭曲,甚至出现危机事件。只有家校协作,更新成长教育理念,改进教育方法,才能真正促进青少年健康成长。

4. 危机干预系统须完善

每所学校都应有相对完善的危机干预系统,有完善的组织、制度及工作流程,这样才能在启动时各司其职,最大限度发挥其作用。在出现危机事件时,学校还需要做好万一干预失败该怎么做的预案,如何应对媒体、如何安抚同学、如何与家长沟通、如何对教师进行辅导以及全校性的生命教育等也是需要考虑的。

对于中小学生自杀的预防,我们要注意对有自杀风险学生应充分重视,采取有针对性的识别和预防措施,注意培养他们良好的心理品质,协助学生明确生活目标,预防躯体疾病,杜绝物质滥用,提升应对能力,及早发现和治疗精神疾病,从而减少或规避自杀的可能。对自杀未遂者,要防止其再次自杀。

教师和家长可以采取建立良好的师生关系、亲子关系、耐心倾听、分析并解决问题，建立支持保障系统对这些学生进行干预。

四、当遭遇重大灾难时

2020年1月，全球突发新型冠状病毒感染肺炎，其影响范围之广，影响程度之大，超出了我们的想象。对中小学生来说，这更是从来没有经历过的，充满了不确定性，生活状态发生了巨大的变化，对每个人来说都是一种挑战，从学习方式到亲子关系、心理状态都因为疫情和防控政策的变化而需要不断调整，及时应对。在这样的重大灾难之下，中小学生更容易诱发心理危机。

这次疫情让我们看到了不确定性对我们生活的影响。不确定性是一个出现在哲学、统计学、经济学、金融学、保险学、心理学和社会学中的概念。所谓不确定性是指事先不能准确知道某个事件或某种决策的结果，或者说，只要事件或决策的可能结果不止一种，都会产生不确定性。对不确定性的畏惧是人的普遍心态，例如这次疫情防控，无孔不入的病毒、对病毒的无知、不确定的防疫措施等都容易引起和加剧焦虑与恐惧情绪，因此在发生突发公共卫生事件和重大自然灾害时，人的确定感是非常重要的。[1] 我们可以从以下四个方面做起，减

---

[1] 王洪明."确定性"与"不确定性"：学校心理健康教育何去何从？[J].上海教育，2020(6)：16—17.

少不确定性，增加确定性。

（一）建立完善的预警系统

突发公共卫生事件往往会让我们措手不及，但是针对危机其实是可以提前制定预警机制的。

因此，国家相关部门需要制定各种自然灾害和公共危机事件的预警系统，明确组织架构和应急工作流程。而为了确保在大灾大难以及公共卫生事件面前学生的心理健康成长，学校也应建立相应的预警系统并定期进行演练。

一般来说，学校心理危机干预系统主要包括预警系统、应急系统和维护系统。

心理危机干预预警系统主要是为了在尽可能早的时间内预警可能出现的冲突性事件并能给予及时的疏导，要能对学校管理范围内的有心理危机倾向的高危人群进行必要的监控和疏导。该系统成员由心理教师、家长、各班心理信息员、班主任以及任课教师等组成，心理教师通过心理测试等形式建立学生心理档案，了解学生心理状况，对于特殊学生及时关注并上报相关领导。家长通过家长学校的培训辅导，学会识别心理异常现象，及时与班主任和心理教师取得联系。各班心理信息员通过培训及时发现班级同学心理问题，并采用合适的方式汇报心理教师。班主任、任课教师和学生日常接触较多，可以在教育教学中将心理学的理念加以实践应用，而定期的心理辅导培训又可以提高他们的心理危机预警能力。

心理危机干预应急系统的主要任务是在学校管理范围内发生重大恶性事件（自然灾害、灾难性事故、传染性疾病、暴力冲突、自杀自残自虐等）时，要能及时、有效地与负责危机干预的其他系统（教育管理、社会安全、医疗卫生、社会工作等）进行合作，有计划、有步骤地对危机事件当事人进行心理干预，同时协助有关部门对当事人或相关人群（同学、教师）和亲属人群（家长、亲戚）提供科学有效的心理援助和心理辅导。其工作成员主要包括德育干部、班主任、心理教师、学生心理志愿者以及专家。

心理危机干预维护系统的主要目的是防患于未然，通过学校日常教育教学营造良好的和谐环境，尤其是心理辅导课程、团体心理辅导活动、学生心理社团活动、心理咨询、心理宣泄、心理放松等活动维护学生心理健康，因此，其工作队伍必然包括心理教师、家长、班主任、任课教师、学生本人等。

（二）用好社会支持服务

都说一个好汉三个帮，重大灾害和公共卫生事件一方面在考验整个社会的管理能力，另一方面也会激发民众参与的热情，相信大家对疫情防控期间的"疫情无情人有情"都深有体会。很多社区居委会牵头社区居民承担了社区的抗疫防疫、生活物资运送分发、社会环境维护、爱心帮扶等重要工作，积极开展自助和互助活动，涌现了很多感人事迹。

我们需要让所有人都意识到学会求助也是强者的行为。

事实上，我们国家社区事务和社会治理还是很完善的，各种社会服务机构也很健全，学校心理辅导中心、区心理中心、市区精卫中心以及家庭教育指导中心都可以提供专业支持。

（三）提升个人应对能力

青少年更需要提升个人应对能力。这些应对能力包括在面对不确定性时的应变能力、抗挫能力、自我管理能力、时间管理能力、情绪管理能力以及社会适应能力，这些对个人今后终身可持续发展都是非常重要的。对此，不仅需要在主观上重视，更需要在方法上学习，还需要在实践中反复锻炼，这些能力才可能真正提升。

（四）做好家庭指导支持

家庭教育的重要性越来越被广泛认同，我们都强调学校和家庭要携手致力于学生终身可持续发展，但是家长要加强教育理念、教育知识、教育方法和个人情绪管理方面的学习，这是一个过程。2020 年 5 月，全国政协委员、上海开放大学校长袁雯在两会提案中也提出"缓解家庭的教育焦虑是一个系统工程，需要家长、学校、社会、政府的共同参与、协同推进"。[1] 因此，需要充分发挥学校及教师对家长家庭教育的指

---

[1] 全国政协委员袁雯：缓解教育焦虑需多方合力[EB/OL]. 文汇网，2020 - 05 - 22. https://www. 360kuai. com/pc/98b533b2a9af762f4? cota ＝ 3&kuai_so ＝ 1&sign＝360_57c3bbd1&refer_scene＝so_1.

导作用,缓解家长的群体焦虑。此外,逐步建立健全家庭教育公共服务体系,通过多种方式引导家长梳理科学的教育观念,增强家庭教育能力。

幸运的是,很多地区在原有校内家长学校的基础上,成立了区域家庭教育指导中心,也成立了市级层面线上线下相结合的家长学校,并且大力推广家庭教育指导师的培训和上岗工作。相信这一方面的努力会让家庭教育指导更加专业,会有更多家庭得到更专业的指导和更具体的支持,最终真正实现学校-家庭-社会形成合力,助力青少年健康成长,在一定程度上维护社会和谐和稳定。

第二节 重塑生命意义

我的人生观若要用一句话概括,就是真性情。我从来不把成功看作人生的主要目标,觉得只有活出真性情才是没有虚度了人生。所谓真性情,一面是对个性和内在精神价值的看重,另一面是对外在功利的看轻。

——周国平

一、活着的意义

让我们通过一封咨询来信，看看青少年对生命意义的思考和困惑吧。

老师好！

我最近一直在思考活着的意义是什么，却一直没有想清楚，感到很苦恼。

我不知道我活着的意义是什么。也许我不断努力混得好一点，这种困惑会少一点，但我为什么要这么努力呢？我的努力和进步至多让大脑分泌一些多巴胺什么的，但我又为什么要这么做，去追求快乐呢？

如果说活着是为了建设人类社会和生态文明建设，那又为什么要这么做呢？我并不是觉得事不关己就可以不想了，我只是疑惑为什么一定要这么做。一帮人把世界改造成对他们很方便而且环境也很好以便自己心安理得，这是最好的情况了吧？那又是为了什么，为后代？后代自己想要这样吗？还是因为人类向大自然索取了这么多年，现在觉得对大自然有愧了，所以想弥补？归根到底，你只是在为自己的这些"合理"的想法而活着。

有人可能会说，至少为你家人想想吧，他们养你这么大不容易……父母为什么要养孩子呢？我想可能有以下这些理由吧。第一，父母生孩子可能只是受自己生理的影响。第二，不少父母会因小孩的成就而感到开心，那么养孩子好像只是一种可以让自己炫耀的资本。第三，指望孩子将来长大了可以让自己老有所依。但多年之后又会有什么结果呢？所有这一切都微不足道，所有这些情感必将消失，你什么也改变不了。

有人考虑过孩子自己的感受吗？他愿意被带到这个世界并承担很多重任吗？在希望孩子努力读书的时候，大人在乎过孩子是不是有自己的想法，是不是过得开心吗？孩子自己将来想要过什么样的生活？也许他只是想"躺平"呢，难道这样就没有存在的意义吗？

我的思路很乱，我真的很迷茫……

一个迷茫的高中生

生命的意义是一个解构人类存在的目的与意义的哲学问题。这个概念通过许多相关问题体现出来，例如："我真正想要的是什么？""我这样做值得吗？""什么样的人生才是真正的人生？""生命的真谛是什么？"在历史长河中，这些问题也是科学一直在探讨的课题。前人在不同的文化环境与意识形态背景下给出了很多答案。

活着到底是为了什么？这是一个很大的话题，听起来很沉重。让我们来看看苏东坡是怎么看待活着的意义的。①

苏东坡晚年在《自题金山画像》这首诗中诠释了他活着是为了什么。1101年，在海南的苏东坡因为大赦而获准北还，那时候他还不知道自己的生命即将走到尽头。当他路过金山寺，看见好友李公麟在金山寺曾经留下的东坡画像，他看着画像中的自己，提笔写下自己这一生的注脚：心似已灰之木，身如不系之舟；问汝平生功业，黄州惠州儋州。黄州、惠州和儋州这三个地方是苏东坡被贬谪之地，这应该是他人生的低谷才对，为什么他却说这三个地方成就了他呢？苏东坡因科举考了北宋开国百年第一的成绩而引起皇帝的重视，却因言获罪，被打入天牢，后在大冬天被衙役押送着去了遥远的黄州。但就在黄州，苏东坡写了最有名的《赤壁怀古》等作品，留下了"小舟从此逝，江海寄余生""一点浩然气，千里快哉风""回首向来萧瑟处，归去也无风雨也无晴"等诗句，可以说没有黄州，就没有中国文化史上的苏东坡。后来苏东坡回到朝堂，担任要职。1094年，苏东坡再次被贬谪到更远的惠州。自古被贬谪到岭南的就没几个人能活着回到京城，而苏东坡却在去惠州的路上就写出了另一篇非常有名的

---

① 艺术自媒体人范潇涵（人称"意公子"）在视频《活着，到底为了什么？》中评述苏东坡活着的意义。

书法作品《洞庭春色赋》，他把洞庭春色这款普通的酒喝出了气吞山河的感觉，还用自己极好的文笔描述了出来。到了惠州，苏东坡以积极的视角看待自己的生活，从"岭南万户皆春色，会有幽人客寓公"可见一斑。在惠州，他虽然没权，水土不服，但是他每天依然乐呵呵地种菜、啃羊骨头、馋荔枝、写诗，还帮惠州修建了两桥一堤，改进了惠州当地的供水计划并无私将改进方案告诉了太守，这两年半在惠州，他一个人造福了一座城。清代诗人江逢辰评价苏东坡"一自坡公谪南海，天下不敢小惠州"，1000年过去了，这座城都因他而发光。到了海南儋州，环境更加恶劣，苏东坡是抱着必死之心去的。他选好了墓地，买好了棺材。他在海南食无肉、病无药、居无室、冬无炭、夏无寒泉……但是苏东坡还是苦中作乐，用吃来治愈自己，烤生蚝、吃粗粮、教大家挖井、治疗疟疾、种植水稻，改善了民生；他在海南讲学，使原本蛮荒之地渐渐"书声琅琅，弦声四起"，带出了海南历史上第一位举人，从此，儋州人就特别喜欢吟诗作对。有人说苏东坡被贬儋州，是"东坡不幸海南幸"，海南直到今天还保留着"东坡村""东坡田""东坡路""东坡桥""东坡帽""东坡墨""东坡画"等，他在那了待了三年，离开的时候依依不舍地说"我本海南民""寄生西蜀州"，原本以为这是他的死地，想不到他却活成了一个奇迹。有人只从苏东坡的"心似已灰之木，身如不系之舟"中读出了他的郁郁寡欢、不得志，觉得很"丧"，其实苏东坡这两句诗中的"心似已灰之木"是引用了庄子的《齐物论》，庄子认为人生要追求的境界是"形如槁木，心如死灰"，没有欢喜与厌恶，没有恐怖与哀惧，只有丧失了"我"，才能突破"我"，进入"无我"的境界，把自己完全融入天地大道中。"身如不系之舟"是引用了庄子的《列御寇》，不系之舟就是没有绳子系着的小船，听起来好像很飘摇，没有依靠，但是从另外一方面看，这艘船很自由，可以去任何地方，仔细想想，人生真的有永恒的依靠吗？真的有常青的基业吗？真的有绝对稳定的关系吗？真的有不死的肉身吗？"问汝平生功业"，我们每个人不妨用这句诗问问自己，假设明天我们的生命即将结束，我们会如何评述自己的一生？活着的意义是什么呢？也许根本没有什么终极意义，活着本身就是意义。苏东坡的这些经历就是活着的价值，黄州惠州儋州这些不可替代的生命体验塑造了他，完整了他，这些就是他此生的意义。

　　青少年正处于少年阶段向青年阶段过渡的阶段，也是世界观、人生观和价值观形成的重要阶段。青少年即将以独立的个体走上社会，承担社会责任和人生使命，但是由于社会经验的缺乏，他们对于人生价值和生命意义的思考才刚刚开始，因此会陷入困扰和迷茫之中，正如前文这名迷茫的高中生一样，对生命意义这个问题如果没有考虑清楚，会对青少年当下的学业、生活、人际关系产生严重的影响，也会对青少年未来的人生发展产生深远的影响。

（1）世界观

世界观是指人们对世界的看法。有人曾感悟"没有观过世界，哪来的世界观"，"读万卷书不如行万里路"，这些都说明了实践经验对世界观的重要性。

党的十八大以来，习近平总书记在多个场合，用多种形式勉励青年人——"中国梦是我们的，更是你们青年一代的。中华民族伟大复兴终将在广大青年的接力奋斗中变为现实。"他也曾寄语南开大学师生：只有把小我融入大我，才会有海一样的胸怀，山一样的崇高。因此，青少年需要加强对世界的觉察和了解，主动增强青少年将自身与周围环境、社会乃至整个世界的联结，才能明白个体与集体、小我和大我的关系，才会把自己的成长放在家庭、学校乃至社会和国家发展的系统中去考量，逐步树立更远大的理想和信念。

（2）人生观

人生观是指人们在实践中形成的对于人生目的和意义，对于人生道路、生活方式的总的看法和根本观点，它决定着人们实践活动的价值取向及目标、人生道路的选择，也决定着人们的具体行为模式和对待生活的态度。

人生观受到世界观的制约。人生观主要是通过人生目的、人生态度和人生价值三个方面体现出来的。

　　每个人的人生观在不同时期都会发生变化。在原始社会,无可厚非,人生观当然是生存第一,生存至上;在阶级社会,人生观有进步和落后之分,具有鲜明的阶级性,不同的阶级有不同的人生观。享乐主义人生观从人的生物本能出发,将人的生活归结为满足人的生理需要的过程,提出追求感官快乐,最大限度地满足物质生活享受是人生的唯一目的。厌世主义人生观认为,人生是苦难的深渊,充满各种烦恼与痛苦,唯有脱俗灭欲,才能真正解脱。禁欲主义人生观将人的欲望特别是肉体的欲望看作一切罪恶的根源,主张灭绝人欲,实行苦行主义。幸福主义人生观强调个人幸福是人生的最高目的和价值,或者在强调个人幸福的同时,也强调他人幸福和社会公共幸福,认为追求公共幸福是人生的最高目的和价值所在。乐观主义人生观认为社会发展的前途是光明的,人生的目的在于追求社会的文明和进步,在于追求真理,对人生抱着积极乐观的态度。共产主义人生观把人的生命活动历程看作是认识和改造客观世界的过程,把消灭资本主义,实现共产主义,为绝大多数人谋利益,看作是人生的崇高目的和最大幸福。人生的价值和意义在于对社会所尽的责任和所作的贡献,人生的最大价值和意义在于努力为人民服务,无私地把自己的一切精力贡献给共产主义事业。

　　(3)价值观

　　价值观是指人们在认识各种具体事物价值的基础上,形成关于什么是价值、怎样评判价值、如何创造价值等问题的根本观点,也就是什么事能做、什么事不能做,什么是对的、什么是错的。价值观一方面表现为价值取向、价值追求,凝结为一定的价值目标;另一方面表现为价值尺度和准则,成为人们判断事物有无价值及价值大小、是光荣还是可耻的评价标准。思考价值问题并形成一定的价值观,是人们使自己的认识和实践活动达到自觉的重要标志。

作为一种社会意识,价值观集中反映一定社会的经济、政治、文化,代表了人们对生活现实的总体认识、基本理念和理想追求。实际生活中,社会的价值观念系统十分复杂,在经济社会深刻变革、思想观念深刻变化的条件下,往往会呈现出多元化、多样性、多层次的格局。

然而,任何一个社会在一定的历史发展阶段上,都会形成与其根本制度和要求相适应的、主导全社会思想和行为的价值体系,即社会核心价值体系。社会核心价值体系是社会基本制度在价值层面的本质规定,体现着社会意识的性质和方向,不仅作用于经济、政治、文化和社会生活的各个方面,而且对每个社会成员价值观的形成都具有深刻的影响。

中共中央总书记习近平指出:"人类社会发展的历史表明,对一个民族、一个国家来说,最持久、最深层的力量是全社会共同认可的核心价值观。"如果没有共同的核心价值观,一个民族、一个国家就会魂无定所、行无依归。2012 年 11 月 8 日中国共产党第十八次全国代表大会报告中提出了"三个倡导"，就体现了社会主义核心价值体系的基本特征，倡导富强、民主、文明、和谐，倡导自由、平等、公正、法治，倡导爱国、敬业、诚信、友善。社会主义核心价值观从国家、社会、公民三个层面分别阐述了价值目标、取向和准则，国家的价值目标是富强、民主、文明、和谐，社会的价值取向是自由、平等、公正、法治，公民的价值准则是爱国、敬业、诚信、友善。正确理解社会主义核心价值观的内涵对于传承优秀传统文化基因、增强国家文化软实力、引领社会思潮、凝聚社会共识具有重要的理论意义和实践意义。

人生价值就是人们从价值角度考虑人生问题的根据。在关于人生的思考中，回答"为什么"的问题，即人生目的问题，要以人生的价值特性和对于人生的价值评价为根据。一个人自觉地追求着自己认定的人生目的，是因为他对自己选择的生活做了肯定的价值判断，认为这样的生活具有价值或者能够创造价值。青少年只有正确理解人生价值的内涵，明是非、辨善恶、知荣辱，才能在实践中最大限度地创造人生的价值，成就人生的辉煌。

二、生命的价值

人生和生命是两个概念，相互关联，但有本质的不同。我们可以把人生看作生命在人间旅行的一个片段，人生是短暂的，而生命是久长的。人生是生命长河里展现的一个生命段落,而生命是从宇宙源头延伸到无限时空的连续剧。人生随时会结束,但生命不会随着人生的结束而结束,生命的人生结束了,而生命本身会以其他形式继续存在。

有一些青少年始终找不到活着的动力,找不到生命的价值,这与青少年正处于世界观、人生观和价值观形成的特殊阶段有关,对于什么是有价值的,什么是值得自己去努力的等事情尚未思考清楚。北京大学心理健康教育与咨询中心徐凯文教授在 2016 年 11 月的一次演讲中指出:价值观缺陷导致部分大学生心理障碍,这是一种"空心病"。[①] 他在实践中发现,哪怕考进了北京大学,有些学生依然可能并不喜欢学习,甚至认为是为了别人而学,或者觉得没有意义,活着不过是按照别人想要的样子活着而已。这些人有强烈的孤独感和无意义感,他们从小都是最好的学生,最乖的学生。他们也特别需要得到别人的称赞,只是不知道为什么活下去,活着的价值和意义是什么。"空心病"的核心问题是缺乏支撑其意义感和存在感的价值观,即必须回答一个非常终极的问题:人为什么要活着? 人生的意义是什么? 对于我们来说最重要的东西是什么?

电影《无问西东》围绕四段故事,讲述了四个清华校友在四个不同时代背景下勇敢无畏的人生故事,从吴岭澜到沈光耀、陈鹏、张果果,用清华大学这根线把他们串联起来,贯穿整

---

① 徐凯文. 时代空心病——功利化应试教育之祸 [EB/OL]. 知乎,2016 - 07 - 20. https://zhuanlan.zhihu.com/p/21651116.

部电影,这是一种精神的传递。这部电影最打动我们的莫过于:愿你在被打击时,记起你的珍贵,抵抗恶意。愿你在迷茫时,坚信你的珍贵。爱你所爱,行你所行,听从你心,无问西东。

吴岭澜听了泰戈尔的演讲,终于明白自己想要的是什么,也终于明白什么是真实。由此他放下了心理包袱:我喜欢艺术,别人说艺术无用,但谁说艺术不能救国?艺术能够让人得到一种安定平和的力量,即使头上飞机飞过,也无畏无惧。于是,他成了西南联大艺术老师。

多年后吴岭澜回忆起泰戈尔那天的演讲对他的影响,他说:当我在你们这个年纪,有段时间,我远离人群,独自思索,我的人生到底应该怎样度过?某日,我偶然去图书馆,听到泰戈尔的演讲,而陪同在泰戈尔身边的人,是当时最卓越的一群人(梁思成、林徽因、梁启超、梅贻琦、王国维、徐志摩),这些人站在那里,自信而笃定,那种从容让我十分羡慕。而泰戈尔,正在讲"对自己的真实"有多么重要,那一刻,我从思索生命意义的羞耻感中释放出来。原来这些卓越的人物,也认为花时间思考这些,谈论这些,是重要的。

什么是真实?你看到什么,听到什么,做什么,和谁在一起,有一种从心灵深处满溢出来的不懊悔也不羞耻的平和与喜悦,即为真实。只问盛放,无问西东。

"保持内心的光,因为你不知道谁会借此走出黑暗",当吴岭澜满头银发之际,他内心的光,他对生命的思索,照亮了正在迷茫中的富家子弟沈光耀。沈光耀的母亲对他说："我想让你享受人生的乐趣，比如'读万卷书，行万里路'，比如享受为人父母的乐趣，我怕你还没想好要怎么过好这一生，命就没了。"沈光耀本可以走上一条家里给自己铺好的路，去好好享受人生，可是当他眼睁睁看着昔日的伙伴被残暴的日军轰炸机炸死的时候，他决定听从内心的指引，成为一名空军飞行员。那个时代缺的不是完美的人，缺的是从心里给出的真心、正义、无畏和同情。沈光耀最终用自己的生命，诠释了这句话的含义。

对青少年来说，开始思考生命的意义本身也是生命的价值，以下这些问题都会引导我们不断形成属于自己的人生观和价值观，如：如何对待这来之不易的生命？如何让这来之不易的生命更精彩？自己将来想成为一个怎样的人？为了成为这样的人，现在的自己需要做些什么准备？接下来怎样做好这些准备？怎样才能让自己青春无悔？一旦有了自己的思考，那么对于未来就有了方向，对于自己将成为怎样的人，对于如何学习、如何生活、如何交友、如何和家人相处都会有自己的理解，然后就会落实在日常生活和实际行动中，在今后的每一天尽己所能地生活，让自己的人生体验更丰富多彩，让自己的人生更精彩。

既然我们不想始终活在别人的要求之下，不想一生只为了活成别人眼中"优秀"或者想要的样子，那么我们有什么想要做的事情呢？自己期待完成什么事情呢？有什么事情是你一直想做却始终没有机会或者不敢去尝试的呢？有什么事情是你希望未来的自己一定要尝试一下的呢？人活着常常夹杂许多遗憾，人活着也有许多的事情需要去做，但如果生命进行到了最后的关头，你还有什么遗憾，还有什么事情需要迫切的去做呢？美国有一部电影叫《遗愿清单》，两位主人公一个是黑人机械工卡特，话不多，博学，一直梦想当历史教授，另一个是亿万富翁爱德华，社会地位极高，话痨，暴脾气，幽默。因为癌症，他们阴差阳错住进了同一间病房。当得知自己只有 3 个月生命的时候，完全不相干的两个人慢慢开始有了交流的机会，因为想到生命即将走到尽头，不想给自己的生命留有遗憾，两个人写下了自己的遗愿清单并决定一起尝试不一样的生活，甚至在一个人去世后，另一个人还帮对方继续完成没有完成的遗愿清单，这也是他自己的第二条遗愿：帮助一个陌生人。这部电影对人生的意义和生命价值进行了思考。我们也可以模仿影片，和孩子一起写一写自己的心愿清单。

　　生命是一场马拉松，需要我们朝着一个目标努力前行，其间会经历很多困难险阻，也会让人疲惫不堪、想要放弃，能坚持到底就是一种胜利。但是生命的历程更是一次旅行，生命的意义往往不在于终点，不在于在这场马拉松中能否取得名次，而在于在疲惫不堪的时候依然能够坚持前行，更在于前行时不忘欣赏沿途的风景，在于前行时看到的春夏秋冬的色彩与感动。生命旅程是丰富多彩的，有顺利也有不顺，有成功和收获，也会有失败和挫折，尽管失败和挫折会给人带来不同寻常的痛苦，但是它们也可以磨炼人的意志，激发人的斗志，让一个人更有韧性，更有毅力，更具有战胜困难的勇气。曾经的辉煌也好，曾经的不愉快也好，都是你生命的一部分。让我们和孩子一起写好自己的人生脚本，接纳过去，把握当下，规划未来，让生命之花绽放，让人生更精彩！

三、完美的一生

什么样的人生是完美的？也许一千个人会有一千个答案。也有人说没有人会有完美的一生，有时候我们会羡慕别人生命的美好，却忘了自己生命也有值得回味的瞬间。有些事情对别人而言也许是过眼云烟的小事，却可能会影响自己的情绪和行为，甚至成为自己挥之不去的一个坎。有些事情发生了，表面上看起来已经过去，但是可能会触及心灵，对自己产生深远而长久的影响。只有回顾成长历程，直面自己生命历程中那些重要的里程碑式事件，才能理性看待生命中的精彩与困境，增进自我觉察，重构自我认识，更好地展望自己的人生。

也许我们每个人都有着无法改变的缺陷，但看到这些不完美，平静地接受它们，让荒芜的人生稍微长出绿意，也许才是人生的真谛。

我们怎样才能诠释属于自己的完美人生呢？

（1）理性看待生命中的精彩与困境

当我们回顾过去的人生，会清楚地看到属于自己的精彩和曾经遭遇的困境。我们要对此进行理性的分析。过去取得的荣誉和成就是对自己曾经付出的汗水和心血的肯定。真正的成功者是不会吹嘘以往成绩的，他们总是能够保持谦虚的态度和永远前行的进取心。他们加以保留的，是由那些高峰体验所点燃的自信与潜能。"时代楷模"杜富国随队参加排雷作业，为保护战友身受重伤。负伤之后，他凭借超乎常人的毅力，让遭受重创的身体快速恢复到最佳状态，重新学会吃饭、穿衣、洗漱，甚至叠军被。他说："艰苦困难往往都是一时的，没有过不去的坎。现在，我知道我的'战斗之路'还很长，我会向前看，勇于接受现实，不断接受自己、挑战自己、战胜自己。"①这就是理性面对生命困境最好的榜样。

（2）接纳生命历程中的消极事件

人生之旅向来不是一帆风顺的，我们攀登过高山，也一定会经过谷底。回首那些沉重消极的事件，我们的内心是什么感受？是悲伤，懊悔还是羞愧？是怨恨，不满还是委屈？同样是遇到消极事件，倘若我们改变看问题的角度，结果就会大不相同。那些人生谷底经验，看似幽暗，却发掘出强韧的生命力，并挖深了生命的河床。心理学家提出，抗逆力是个体面对逆境时的能力表现，也是青少年生存和发展的关键能力。而逆境是抗逆力的前提条件，没有逆境也就无所谓抗逆力。不

---

① "时代楷模"杜富国：艰苦困难往往都是一时的，没有过不去的坎儿［EB/OL］.光明网，2020－03－10. https://m. gmw. cn/2020-03/10/content _1301034288. htm.

经一番寒彻骨,怎得梅花扑鼻香。从这一点来看,所谓逆境或消极事件也会成为成长的机遇,为我们的健康成长与终身幸福奠定基础,因此我们要抱着接纳的态度加以面对。

（3）以积极的态度看待自己的人生发展

历史唯物主义提出,社会历史发展的总趋势是前进的、上升的,但是发展过程是曲折的。即便是在生活中遭遇一些挫折和不如意,也不足以毁灭我们的整个人生。但是,遇到挫折或失败时,我们常常会产生一些负面的想法,并容易因此形成习惯性思维,一遭遇挫折或失败就会无限扩大,以偏概全,在这样的负面情绪之下,我们很可能会一蹶不振,陷入恶性循环。这就启示我们要对不合理的想法进行自我辨析,定期总结自己在学习和生活上存在的问题;对自己所经历的挫折积极反省并吸取经验教训。不要因为天空飘过几片乌云,划过几道闪电、下了几场暴雨就困惑不前,要看到雨后天晴的美好,要以阳光、积极的心态看待事物,面对人生。我们要相信阳光总在风雨后,经历了风雨之后的我们会更加成熟和坚韧。

第三节　谱写成长历程

尊重生命,尊重他人也尊重自己,是生命进程中的伴随物,也是心理健康的一个条件。

——埃里希·弗洛姆

生命是独一无二的,也是很珍贵的,但总有一些学生把"活着没意思"挂在嘴边,这让家长和老师特别担心。这些学生并没有意识到生命的来之不易。其实从孕育到出生,我们的生命与生存就是一场极其珍贵的存在,是一场漫长的马拉松比赛,只有最优秀的我们抢到了"跑道",并且跑到了最后。

随后,我们每个人在不同的生长环境、家庭教育、学校教育、社会关系中慢慢长大。我们每个人都在修炼属于自己独特的生命历程,都拥有属于自己的绚丽人生。从出生到慢慢成长,长大成人,承担家庭和社会责任,直到生命终结,这些生命历程是一个连贯的整体,拥有独特的生命线。我们每个人都在这条独特的生命线上奔跑着,参与属于自己的人生马拉松,并最终收获各自生命的精彩。

如何谱写属于我们自己的成长历程并留下生命的痕迹?叙事是一种不错的办法。

叙事,简单地说就是说故事。叙事疗法是目前应用比较广泛的现代心理治疗技术,具有操作性强、效果显著等特点。它摆脱了传统上将人看作为问题的治疗观念,通过"故事叙说""问题外化""由薄到厚"等方法,使人变得更自主、更有动力。通过叙事心理治疗,不仅可以让当事人的心理得以成长,鼓励人们重新塑造自己的生活,同时还可以让咨询师对自我的角色有重新的统整与反思。

鱼骨图是梳理生命历程,尤其是梳理生命里程碑事件的一种很好的载体,最早由日本管理学大师石川馨创造,故又名石川图。鱼骨图常被用来作为叙事取向的自我探索工具。我们可以利用生命鱼骨图协助自己梳理生命历程中的重要事件,协助我们回顾过去的成长经历,更好地展望自己的人生,探索人生的意义,在生命历程的断裂中有对自己历史性的理解而重构自我认识。

一、绘制生命主线

我们可以在白纸上画一根长长的直线表示我们的一生,在左侧起点画上鱼头,右侧终点画上鱼尾。鱼眼位置写上 0 岁,表示我们出生了,鱼尾位置标上自己的预期寿命。我们可以参照当地居民平均寿命,根据自己的健康状况在鱼尾位置标上自己的生命终点年龄,最后在相应比例的位置标上现在的年龄,比如预期自己的生命终点是 75 岁,那么 15 岁就标在生命线左侧五分之一的位置(图 1)。

二、回顾过去

我们可以先闭上眼睛,用心回顾这些年的成长经历,有没有一些人、一些事情对自己影响很大;也许是自己曾取得的成

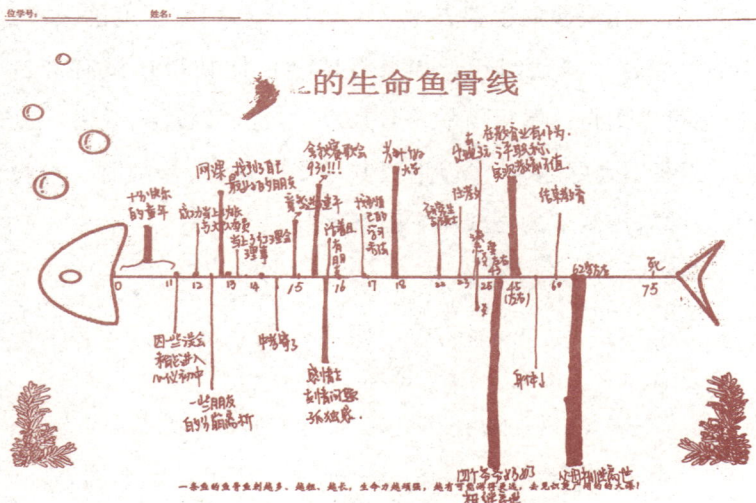

图1 某学生用生命鱼骨线梳理自己的生命历程

就,也许是自己曾犯过的错误;也许有些事情小得微不足道却对自己心灵触动极大;也许这件事自己从未对人提起,但是真的难以忘怀。

想一想:这些事情发生在什么时候,是怎么发生的,当时自己是怎么应对的,当时的感受如何? 后来这件事对自己又有什么持续的影响?

然后,我们睁开眼睛,拿起笔,静下心来在生命鱼骨线上记录我们生命中的那些年那些事。我们可以将那些对自己有积极影响的事件用线段标在生命主线的上方,对自己有消极影响的事件标在生命主线的下方,就像一根根鱼骨一样,用线段的长短表示这件事对自己影响时间的长短,影响时间越长鱼骨越长;用线段的粗细表示这件事对自己影响程度的大小,影响程度越大线段越粗。如果有些事情你觉得还没有准备好,你可以用自己看得懂的符号来表示,也可以暂时不写。

当我们画好之后,可以选择其中影响最大、持续时间最长的一件事,用叙事的方式将它写下来。

范例:

成长

高中可以说是让我改变最迅速的一个阶段。

进入高中的第一年,我被学姐"拐骗"进了文艺部,在后台工作。近距离接触到学校"930"大型文艺晚会的台前幕后,我发现还挺有意思的。递话筒、搬道具、催场,一切都很新鲜,我也认真对待这份工作,因为我喜欢。我还和同学一起站在舞台上表演了舞蹈,回想演出前大家一起排练、一起努力,也为我的高中生活增添了一抹色彩。几个月后高三年级举行毕业典礼,我被调去音控室并制作PPT。看着琳琅满目的按键,守着三台电脑,控制着舞台的灯光和背景,似乎我已经与这间"小黑屋"结下了缘分。

第二年,我成为文艺部部长,并担任"930大舞台"的学生导演。我给新的部成员们分配工作,收集音乐和背景资料,和导演组一起审核节目,制定节目单,组织彩排。每一次彩排都耗时 3 到 4 小时,我会在全场走动,确保每个环节都不出差错。因为我觉得既然被分配到一份工作,就要尽心尽力去做好它,要负责任。正式演出结束的时候,我和另一位学生导演拥抱在了一起。那一刻,我觉得我们是真正的战友,自豪感与满足感油然而生,夹杂着一份感动。我在这次工作中并不是顺风顺水,但我知道,这次经历让我成长了许多,也让我明白作为一名领导者应该做些什么、具备怎样的品质。

　　2018 年 10 月,我开始用拍视频的方式记录自己的生活,并在 bilibili 上发布了我的第一个 vlog。之后生活中有我认为值得记录的事件,我都会用 vlog 的形式把它留存下来。今年 1 月,爸妈偶然不在家的一天,我拍了自己做早餐和午餐的 vlog,意外收获 4 500 多的播放量,这确实给我了一个惊喜。到现在,我一共发布了 5 个“一人食”vlog,其中一个还有超过 5 000 的播放量,也积累了 500 多个粉丝。制作、拍摄、剪辑一人包办,这并不是一件容易的事。再加上每次都会有不同的状况出现,我也想过要放弃。但前段时间我接到了人生中第一个推广,这意味着我的付出得到了肯定,我无比喜悦,更加有了动力。有几个视频一开始总是只有几百的播放量,我很气馁,觉得自己的付出没有得到相应的反馈。但后来当这几个视频的播放量超过1500时，我突然觉得该来的总会来，不用急，也不用沮丧，做好该做的事就可以了。

上高中以后，我在不断地get新技能，当然还有更多更多的技能等着我去解锁。我也会勇往直前，迈着坚定的步伐踏上通往未来的路。

学会隐藏和表达

"叮咚"，手机屏幕随着提示铃微微泛着光，一条微信通知映入我的眼帘。看着屏幕右上角的日期和聊天框中的520元钱，我隐隐得到了呼之欲出的答案。不知什么时候，妈妈也变得如此时尚，紧跟时代潮流，开始在这个特殊的日子以发红包来表达她对我的爱意。明明是这么让人心动的时刻，为什么我的心却微微泛酸，有些不是滋味呢？我的视线从手机屏幕上移开，空洞地望着窗外，思绪随着视线不自觉地虚焦而拉远。

"收到钱了吗？好的，好好照顾自己，我回去了。"妈妈转头叮嘱着我。

"那你走吧，拜拜。"我的视线一刻都没有抬起来，死死地盯着书本，眼泪却在眼眶里打转，快要止不住落下了。随着门被关上的"啪嗒"声，我的泪水再也不受控地落下，无声息地砸在书页上，敲击着我的心。随着脚步声离开宿舍，我急忙站起身，拉开窗帘，望着妈妈渐行渐远的背影，直到在远处交汇成一个点，再也看不见。四周霎时变得安静起来，原本因我移动而使桌椅发出的"吱呀"声变得微弱，却能听到临街窗户外传来汽车行驶的声音。我呆呆地坐下，呆滞地趴在桌上望着门，静静地平复着自己的心绪。不知从何时起，我竟会如此多愁善感，害怕望着别人离开的背影，害怕只剩下自己的一片孤寂。那个从初中就开始独自居住在宿舍里的女孩不是早就习惯了离开家人的独立生活吗？怎么会变得如此不舍呢？或许是发现父母的白发已经需要染发剂来遮掩？或许是发现连姐姐都到了适婚的年纪？或许是发现转眼间自己就要步入大学？

一切变化都来得太快，让我措手不及。一向不知如何表达爱意的妈妈会发信息表达爱意，一向沉默的爸爸会每次在我到达学校时打一个确认电话，一向未成熟的姐姐会让妈妈为我带来她给我买的生活用品。这突如其来的关心让我一时有些难以接受，心头仿佛有鱼刺卡在喉咙般难以平复。是时候学会长大，学会飞翔在更辽阔的天空，而不是永远贪恋温暖的小巢。

一个小时候不管不顾都会坚持要回家的孩子却在初

中的时候一个人独自离开家乡，开始过着在大城市求学的日子。面对突然一落千丈的学习成绩、冷语相对的同学、父母和老师的不理解，我只能独自在角落里抱紧自己，温暖自己。为了不让别人看轻自己，我开始假装自己过得很幸福，会和曾经的朋友诉说自己快乐的生活，也会向父母隐瞒一切不开心。我永远带着别人捉摸不透的表情，带着一身刺，不让任何人靠近。我的性格似乎变得越来越不合群，变得越来越擅长伪装自己。但是偶尔可以在夜晚听到我一个人在被窝里低声哭泣，每逢周末妈妈送我回学校时眼底收敛不舍的情绪。一群人突然打破了我的孤寂，将我暴晒在阳光下，我似乎又渐渐找回了原本的自己，但是依然保持着安全距离，不愿让任何人踏进我的小小世界。我曾暗暗问过自己：如果重来一次，你还会选择这条路吗？答案是不知道，可能再来一次我都没有勇气走到现在。

　　我也曾在最郁闷的时候和妈妈说：我不想上学了，为什么要把我带到这世上？这些话像一把利剑深深地、冰冷地刺进妈妈的心脏，让她落泪，说出的话染上了哭腔。我的压力似乎在这一刻全部被释放，我决定不需要做一个看重成绩、人际关系的人，成为一个简单、快乐的人就足够了。家人的温暖与宽慰让我开始过着自由的日子，自己的人生由自己主宰。那些曾经被限制的事情都一一被解开枷锁,任由我挑,我似乎变得越来越幸福了。

收回飘散的思绪,我坚定地拿起手机,给妈妈一句温暖的回应。这既是接受她的爱意,也是在表达我自己的心意。

三、把握当下

让我们来到当下,感受一下当下的自己。可能你还是一名学生,可能你已经是一名成年人,对于当下的自己是否满意呢?一定会有让自己满意和不满意的事情。

请你在自己的鱼骨线上标出现在的状态,满意的鱼刺向上,不满意的鱼刺向下,并用长短粗细表示它对你自己的影响程度。

事实上,很多人对当下的自己还是很迷茫的。很多时候,人们对于当下的自己是什么样的人,对自己在乎些什么,想要些什么,并不清楚。从下面一名高中生的自述,我们就能看到这一点。

我的自述

从高一开始,升学老师就不断地告诉我们:"接下来的三年里,你们要不断地去探索自己。"而我常常苦恼于去定位自己。毕竟人们常说"人是复杂的动物","人和动物的差别在于情感和思想","人的思想和情感又是最复杂难懂的"。可是我还是常常思考:"我到底是什么样的?"

高中两年即将过去,高三的大学申请季即将来临。

探寻了近两年的自己是否找寻到了真正的自己?

根据定义,自述表示自己述说自己的事情和情况。我想,既然要写一篇自述,当然要体现出自己最真实、最具有代表性的一面。可是,一个人要是完整的。如果需要我写一件事来体现最真实、最具有代表性的我,我必定会因为所表现的片面性而感到不满。

于是,问题来了。

我应该写些什么,以便在尽可能体现出我最具代表性的性格的同时,保持最大的性格完整性和真实性呢?

答案是:不知道。

可是,考卷上总不能开天窗。

那么——就来叙一叙我对自己"模糊"的定位吧。

其实由上述心理活动可知——我就是一个矫情又矛盾的"戏精"。

首先,我矫情。明明人的一生发生了许许多多的事情,而我也是一个人类生物。当所有人都老老实实地写完或者复制完抑或者抄袭完自己的人生经历时，我正在一个字一个字地抒发着自己"无事可写"的状态；当我疲惫于回首繁复的红尘往事，从中拾起一片给老师来欣赏时，我偏偏选择要对自己矫情的懒惰长篇大论一番；当我在呻吟自己的懒惰时，明明还是乖乖地打出了这篇字数上千的文章。人们常说诗人的许多诗不过是在无病呻吟，而我，虽不是一个浪漫的诗人，却可能是一个无病呻吟的普通人。说了这么多遍矫情，或许自己说自己矫情也是一种矫情？

看，我多矫情。

其次，我是个矛盾体。我说我不过是一个矫情的普通人。可我承认我常常为自己感到自命不凡。当然，从肉体上来说，我的的确确是千万个物种中一个普普通通的人类。我的确是个普通人。从灵魂上来说，除了平行时空中的另一个自己，我相信每个人的灵魂都是不一样的。（当然，如果平行时空中的自己选择了不同道路，那么又是一个不一样的灵魂。）那如此说来，我的确是独一无二、与众不同的。如此说来，我的矛盾又是可被接受的。除了对自己的普通性和特殊性的矛盾定义，无可厚非，我对自己其他性格的定义也是矛盾又统一的。

最后，我就是一个彻彻底底的"戏精"。当我明明知道自己没办法挑出一件事情来写的时候，我硬是要给自己的心理活动加上一连串无聊自白的戏码。而当老师您认认真真读完这篇所谓的"自述"时，才发现原来我全篇花了上千的字，只是为了对自己强制加上的内心戏码做出看似条理清晰的自我分析。但是由于我的确为自己做出了明确的定位和分析，老师您还是不能将我这篇"自述"打上 0 分的惨淡分数。根据我对老师您读这篇无聊"自述"感受的臆想，又偏偏印证了我是个爱为自己内心加戏的真实"戏精"。

四、展望未来

大家可以看看自己的生命主线，看起来我们未来的人生还很漫长，你希望自己的人生将以怎样的篇章展开？你觉得自己未来的人生会经历什么？有哪些时间节点可能对自己很重要？有哪些事情可能对自己影响比较大？你有什么人生梦想？你希望自己在多少岁时能实现这个梦想？

我们可以将理想中的状态或希望发生的事情标注在鱼骨线上方，将可能发生的但是你害怕或不希望发生的事情标注在鱼骨线下方。

也许你会期待自己高考顺利,考上自己心仪的大学,开启人生新的篇章。金榜题名是人生一大喜,那时的你一定是激动的、兴奋的、开心的,这些情绪的强度如何呢? 对你的影响时间有多久呢? 也可能你会担心自己高考失利,那种不甘、失落、沮丧情绪会对你产生多久的影响呢? 这个影响是大还是小呢?

也许你会期待自己在 25 岁研究生毕业时找到一份满意的工作,开启自己的职业生涯。那时会有什么好事发生在你身上? 可能会有什么令你担心的事情发生呢? 是人际关系问题,还是工作单位离家太远?

也许你会在 28 岁结婚,开始承担家庭的责任,这对你是压力还是动力呢?

也许 40 岁的你事业顺利,成为行家里手,非常有成就感,但是孩子的教育却让你绞尽脑汁;也许 60 岁的你,即将退休,却对退休以后的无聊感到茫然,或丰富多彩而感到充实;80 岁的你也许会感到人生圆满,也可能每天被病痛折磨……

不管我们能活多久,我们的未来一定会发生很多事情,有些事情不管我们愿不愿意,它都会伴随我们的生命而出现。这就是生命的真谛。当我们想到那些期待,对未来就会有更多的期待。当我们想到未来可能的不顺,也会有充分的思想准备,在未来这些不太好的事情发生时不至于那么意外,也不会因为接受不了而生活失控,我们更加可以提前做好准备,让事情不至于那么糟糕。有一名高一学生想到将来他可能是

"孤家寡人"，没有亲朋好友，孤独生活，甚至为此感到绝望，那么他现在就要"修炼"自身，多交朋友，培养个性，在该恋爱的年龄恋爱，在该结婚的年龄结婚，而不会忙于工作拒绝社交，因为不想要这个糟糕的情况出现，所以他会尽自己可能珍惜友情，维系感情。也许这就是人们常说的"思想上做最坏的打算，行为上尽最大的努力"吧。

通过对生命历程的回顾、梳理和展望，我们可以从一生发展的视角看待自己的成长。关于生命，我们还可以想到更多，也许我们可以改变对生命的看法，从而更加珍惜当下，珍爱生命。

（1）生命诞生是珍贵且来之不易的

我们不妨花一分钟的时间来感受一下自己的脉搏。当你摸到自己的脉搏正在有力地跳动时，我们一定能感受到来自生命的喜悦与顽强。每个生命的诞生都是一个奇迹。我们每个人都是一亿分之一的幸运者。因为在精子、卵子的结合中，一亿个精子只有一个最终能进入卵子形成受精卵，在这场竞争中，每个人都是打败上亿精子对手的优胜者。对于社会和父母而言，我们的出生是珍贵的，因为这意味着生命的延续。对于我们自身而言，获得生命更是我们创造美好人生的宝贵开始，是一切可能的起点。所以，我们更应当珍惜自己的生命，把握好自己的人生。

（2）生命历程是连贯而不是割裂的

生命是一个连续的过程，从一个阶段到另一个阶段的飞跃，总是有赖于前一阶段不断的积累，才会有后期质变的可能。在人生中，没有人能一帆风顺，但只要努力，就有无限可能。当人生遭遇一些阻碍时，我们应当明白，眼下遇到的困难或许是因为在生命的前一阶段我们没有做好准备，这些困难是一时的，如果我们在当下能把握好机会，就能在之后的阶段有所改变和突破。因此，我们不应该因为一时的失意而一蹶不振。此外，在把握自己的人生时，我们也要有连续性的思维，不能仅仅着眼于眼前的小目标，而应该注重更加长远的发展。正如孔子云，人无远虑，必有近忧。一个人如果具有长远的目光，就不会对一时的得失看得太重，也不会长久地深陷于烦恼之中。相反，他们能够时时把握住眼前的机遇，为未来的发展做好准备。

（3）生命成长是多维而不是单一的

生命成长远不局限于知识的积累和优异的成绩。就如木桶理论展现出来的那样，一个人如果在某个方面的能力特别强，但是他始终有一块短板无法弥补，那么这势必会影响他的整体发展，也会阻碍他实现自己的理想。学会如何与他人相处、如何持有同理心等人际交往课题，以及自我探索、自我情绪调节、个人理想与社会相结合等个人成长课题，对于高中生的生命成长都是至关重要的。我们应当努力地了解自己，发现自己的兴趣，开发自己的潜力，找准自己的长处，才能让自己成为一个具有综合实力的人。当我们学会用更加全面多维的视角看待自己，我们就能更好地认识自己，发现自己的自信心，不轻易否定自己，同时也会看到来自他人更多的闪光点，与他人更好地相处。

此外，"纸上得来终觉浅，绝知此事要躬行"。如果说现实是此岸，理想是彼岸，那么实践则是中间架起的桥梁。我们可以通过关爱他人建立人与人之间的联结，并且获得助人的乐趣，增强自我效能感。我们也可以通过志愿服务，为社会做出力所能及的贡献，增强责任感和使命感。我们在家庭中可以主动承担家务，参与家庭事务，增强担当意识，提升生活能力。只有通过实践全面发展，不断完善自我，我们才能获得成功。

一条鱼的鱼骨越多越粗，生命就可能越顽强，越有可能游得更深更远，越有可能去见识更广阔的大海。

曾经的辉煌也好，曾经的不愉快也好，都是我们生命的一部分。让我们写好自己的人生脚本，接纳过去，把握当下，规划未来，让生命之花绽放，让人生更精彩！

第四节　走向幸福人生

真正的幸福只有当你真实地认识到人生的价值时，才能体会到。

——穆尼尔·纳素夫

泰勒·本-沙哈尔博士的《幸福课》，在哈佛大学成为最受欢迎的课程，其受欢迎程度超过了时髦的经济学课程，也超过了实用的法律课程，泰勒博士因此被誉为哈佛大学"最受欢迎的讲师"，同时他的幸福课受到美国 CNN、英国 BBC、美国《波士顿环球报》、英国《时代报》、意大利《新闻报》、《中国青年报》等媒体的关注和积极报道。

那究竟什么是幸福呢？

一、幸福密码

幸福是一种能够长期存在的平和、舒畅的精神状态，有别于快感、快乐这些情感体验。快感是即时性的生理满足，完成喝奶茶这样的特定事件就可以实现，快感持续的时间往往以秒计；快乐是一种比较持久的身心愉悦状态，完成打羽毛球这样的一件事情就可以实现，时间往往以天计；而幸福是长期的精神富足状态，可以持续一生。

（一）幸福是一种主观体验

幸福是一种主观体验，是个体依据自己设定的标准对其生活质量所作的整体评价与感受。这种感受因人而异；同一个人在不同的时间，不同的地点，不同的心理状态下都会有不同的感受。只有那些具有感知幸福能力的人才更容易感受幸福。幸福感受力差的人即使是锦衣玉食也并不一定快乐。所以感受生活不幸福的人,不是生活出了什么问题,而是他们对于幸福的感受能力出了问题。通常情况下,一个人的幸福感有两种来源:自我领悟和互相比较。感受幸福的境界是不同的,有人是在得失比较间获得幸福,也有人是在自我追求中创造幸福。

有一部关于幸福的公益短片,片中的乞丐饥肠辘辘,看着路边经过的一位边走路边吃早点的男青年,很羡慕,他认为幸福就是能吃饱饭,能有干净的衣服穿;而被乞丐羡慕的男青年路过一家饭店,看到里面用餐的情侣也很羡慕,他羡慕这种有女友陪伴,能到大饭店吃饭的人;而被他羡慕的坐在饭店吃饭的女孩子则看着窗外马路上飞驰而过的轿车,羡慕轿车主人能开名车;被羡慕的轿车主人忙于应酬,身心俱疲,反而羡慕路边乞丐的自由自在和无忧无虑。有时候,我们的幸福感就是这样在与他人的比较中降低或者增强。美国斯坦福大学的一项心理学研究发现:我们总是低估他人的负面情绪。也就是说,我们总认为别人春风得意,而倒霉的总是自己。这是由于我们自身具有关注负面信息的倾向,以及在交际中对方戴着快乐面具的刻意隐藏。

在了解了这些以后,我们就要摆正心态,相信每个人都能在生活中获得属于自己的幸福和快乐,这也将成为我们的幸福秘诀。

(二)塞利格曼积极心理学视角下的幸福密码

"积极心理学之父"马丁·塞利格曼在《持续的幸福》一书

中提出的幸福密码 PERMA,简称幸福五要素。[①]

P(Positive emotion)指积极情绪。情绪有很多,根据对人的影响可以分为积极情绪和消极情绪两大类,塞利格曼认为积极快乐的情绪如高兴、狂喜、舒适、温暖等让人产生幸福感和生活满意度。

E(Engagement)指投入。沉浸其中的投入可能会让人忘记时间的流逝、感受到时间像停止了一样,沉浸在任务中。有一个词语叫"心流",是投入的最高境界。通常当人有清晰明确的目标、有能力应对挑战、能及时反馈并有自我控制感时,投入就有可能产生。

R(Relationship)指人际关系。良好的人际关系是人产生主观幸福感的重要来源,有归属感,人际互动良好,人际关系和谐都是非常重要的。

M(Meaning)指意义。有意义是人致力于某件事的内在源泉,也是一种主观感受,哪怕只是寝室同学之间的卧谈会,或者在下雨天聆听雨水的沙沙声,只要我们自己觉得这件事情有意义,对自己很重要,那么幸福感就会油然而生。

A(Accomplishment)指成就。成就感是一个人自信的来源,也是幸福感的重要因素。

---

① 马丁·塞利格曼.持续的幸福[M].赵昱鲲,译.杭州:浙江人民出版社,2018:15—17.

（三）生活中不是缺少幸福，而是缺少发现幸福的眼睛、耳朵和心灵

法国著名的雕塑家罗丹曾说，生活不是缺少美，而是缺少发现美的眼睛。其实，这句话用在幸福感方面依旧合适。面对竞争激烈的学习生活，青少年难免会感到挫败和失落，甚至陷入消极的情绪中不可自拔。这些情绪很容易成为笼罩在我们头顶上的阴云，遮蔽我们的感受，让我们不再感受到生活中的美好和幸福。每当我们发觉自己陷入这样的困境时，我们就要提醒自己，幸福是需要用心去感受、体验和发现的。每个人都有机会收获不一样的幸福，生活是自己的，你选择怎样的生活，就会成就怎样的你。与其抱怨这个世界不美好，不如用自己的双眼发现更多的美好。

二、幸福人生

在日常生活中，我们该怎样才能提升自己的幸福感呢？

（一）捕捉幸福瞬间

幸福的体验我们一直都有，只是有时候被我们忽略了。你也许因为过去或将来的事情而出现负面情绪，比如上周和父母吵架感到很委屈，或是想到高考升学而焦虑，但其实这些都不是我们正在经历的，却给我们带来了痛苦。我们伤心难

过时,总觉得找不到曾经顺利、开心的事情。其实是我们忘记用心去记住那些幸福的时刻。"小确幸"是一个网络用语,该词来源于村上春树的随笔集《兰格汉斯岛的午后》,由翻译家林少华直译而被我们所常用。它的意思是心中隐约期待并且刚好发生在自己身上的那种微小而确实的幸福与满足的小事情。这些幸福感可能只是一瞬间的感受:整理抽屉,竟然发现角落里有一张遗忘的百元大钞;电话响了,拿起话筒发现正是自己刚才惦记的人;你打算买的东西恰好降价了;成功地做了人生第一个荷包蛋;放学回家,一抬头就看见自己家窗户透出温暖的灯光,妈妈已经烧好了晚饭;办事排队的时候,你所在的队伍速度最快;心情不好的时候,偶然抬头却看见一道彩虹……它们是生活中小小的幸运与快乐,是流淌在生活的每个瞬间且稍纵即逝的美好,是内心的宽容与满足,是对人生的感恩和珍惜。当我们逐一将这些幸福瞬间拾起的时候,也就找到了最简单的快乐与幸福。当我们捕捉到属于自己的幸福瞬间的时候,记得留点时间好好观察和品味,留一些心理空间,并在记忆里找个位置好好存储。当我们用心采集生活中的点点滴滴,将它们当作人生的风景收入行囊,便能以更轻松潇洒的心态继续上路。

(二)分享幸福感受

我们时常发现,自己的幸福好像是在和他人的比较中获得的。因此,不少人会有这样一种错误观念:只要我比别人好,我就能感到幸福。事实上,如果我们总是活在与别人的比较当中,总是羡慕别人的好,接受不了自己的不好,那么我们将会有非常多的烦恼,也很难感受到幸福。在这样的心态下,我们甚至容易出现嫉妒的心理,看不得他人的幸福。但是,如果我们能够脱离和他人无用的比较,转而关注并分享属于自己的幸福,同时也接受他人的幸福,那么我们将可能收获更多的幸福体验。就像作家马德说的:"一个人总在仰望和羡慕着别人的幸福,一回头,却发现自己正被别人仰望和羡慕着。"既然如此,就让我们大方一些,学会和家人朋友们聊聊天,分享自己的幸福感受,同时也接收来自他人的幸福能量。

(三)传递幸福理念

当我们怀抱着真诚和感恩的心面对生活,我们就能捕捉到许多幸福瞬间:或许是早上醒来,看到一抹阳光恰好落到枕边,可以不用急着起床,躲在被窝里听着妈妈在厨房里轻手轻脚地忙碌,荷包蛋的香味弥漫了整个房间;或许是夜深人静,独自在灯下看一本好书,偶然间读到的一句话语触动心弦,在无意中一抬头,发现橘红色的灯光柔柔地铺满房间。又或许是无意看到阳台上亲手栽种的花朵已悄然绽放,打扫房间时在床底下发现"失踪"已久的物件,收到许久未联系的好友发来问候……其实幸福没有绝对的答案,关键在于你的生活态度。当我们感受到幸福的时候与周围人分享,你会发现这种幸福感就会传递给对方,当我们有意无意做一些让别人感受到幸福的事情时,我们也在传递一种幸福理念。

无论在什么环境下,无论身处什么样的逆境,也无论是贫穷还是富有,健康还是患病,一个人如果能善于发现身边的幸福,珍惜眼前的幸福,乐于传递幸福,感受他人的幸福,那么内心一定会充满阳光,这样的人生才会更幸福,更有意义。

如果我们每一位教师和家长都能从生命起点开始,协助学生理解生命的独特和珍贵;协助学生回顾我们的人生历程,发现自己已经拥有的快乐与幸福;接纳生活中可能遭遇的挫折和种种失去;意识到自己拥有的丰富的社会支持……那么学生就能走出生命的误区,建立完善的生命成长支持系统,学会珍爱生命、敬畏生命、理解生命的意义,建立积极向上的人生观,使身心和谐健康地发展,走向有意义的人生,奏响生命的华美乐章,真正开启幸福人生。

参考文献

30 条人际关系准则,真正提升你的社交情商[EB/OL].《人民日报》法人
微博,2017 - 04 - 22. https://weibo. com/2803301701/EFDnkqc46?
refer_flag=1001030103_.

Gerald Corey. 心理咨询与治疗的理论及实践[M]. 谭晨,译. 北京:中国轻
工业出版社,2016.

Rodale Press. 心灵导师:情绪管理全书(上)[M]. 包黛莹,等译. 北京:经
济日报出版社,1997.

阿德勒. 生命的意义[M]. 北京:台海出版社,2018.

杜亚松. 注意缺陷多动障碍综合干预手册[M]. 上海:上海科学普及出版
社,2012.

付建中. 普通心理学(第 2 版)[M]. 北京:清华大学出版社,2017.

盖瑞·查普曼. 爱的五种语言[M]. 北京:中国轻工业出版社,2006.

关于进一步加强"饭圈"乱象治理的通知[EB/OL]. 中华人民共和国国家
互联网信息办公室,中央网络安全和信息化委员会办公室,2021 - 08 -
27. http://www. cac. gov. cn/2021 - 08/26/c_1631563902354584. htm.

郭兰婷. 儿童少年精神病学[M]. 北京:人民卫生出版社,2009.

韩颖,秦炯. 儿童注意缺陷多动障碍与睡眠障碍[J]. 中国实用儿科杂志,
2010(09):662.

韩永昌. 心理学(第五版)[M]. 上海:华东师范大学出版社,2009.

何敏. 大学生健康教育[M]. 上海:上海财经大学出版社,2014.

华盛,曾云燕. 高中生手机使用及依赖状况调查和对策研究[J]. 中小学心
理健康教育,2013(05):26—27.

姜宏波. 新视角下的中学历史课堂教学——运用"鲶鱼效应",提高教学效
果[J]. 吕梁教育学院学报,2009(03):59—61.

教育部等十一部门关于印发《加强中小学生欺凌综合治理方案》的通知
[EB/OL]. 中华人民共和国教育部,2017 - 11 - 23. http://www. moe. gov.
cn/srcsite/A11/moe_1789/201712/t20171226_322701. html.

李宝山.北方阳光系列丛书:大学生心理健康教育[M].重庆:重庆大学出版社,2017.

李晓东.小学生心理学[M].北京:人民教育出版社,2003.

林崇德.发展心理学(第3版)[M].北京:人民教育出版社,2018.

临床知识科普:小儿神经系统发育特点具体都有什么?[EB/OL].医学教育网,2020-01-08.https://www.med66.com/erkeziliao/mu2006082290.shtml.

刘翔平.当代积极心理学[M].北京:中国轻工业出版社,2010.

卢林,等.武汉市儿童青少年注意力缺陷多动障碍相关因素调查:12个年级的2199份问卷分析[J].临床精神医学杂志,2005(06):116.

马丁·塞利格曼.持续的幸福[M].赵昱鲲,译.杭州:浙江人民出版社,2018.

马军.学校卫生学[M].北京:高等教育出版社,2010.

宁静空间.班杜拉的著名实验——波波玩偶实验[EB/OL].知乎,https://zhuanlan.zhihu.com/p/33510260.

彭聃龄.普通心理学(修订版)[M].北京:北京师范大学出版社,2010.

全国家庭教育状况调查报告(2018)[R].北京师范大学中国基础教育质量监测协同创新中心,北京师范大学中国教育与社会发展研究院,北京师范大学儿童家庭教育研究中心,中国教育报家庭教育周刊联合发布,2018-09-16:21—22.https://news.bnu.edu.cn/docs/20180927154939425593.pdf.

全国政协委员袁雯:缓解教育焦虑需多方合力[EB/OL].文汇网,2020-05-22.https://www.360kuai.com/pc/98b533b2a9af762f4?cota=3&kuai_so=1&sign=360_57c3bbd1&refer_scene=so_1.

沈之菲.上海市中小学生的应激性生活事件、应对方式及抗逆力的实证研究[J].思想理论教育,2009(03):72—77.

生长激素如何促进身高增长?[EB/OL].中国生长激素网,2021-11-02.https://www.jszjsw.com/jibingzhishi/1192.html.

"时代楷模"杜富国:艰苦困难往往都是一时的,没有过不去的坎儿[EB/OL].光明网,2020-03-10.https://m.gmw.cn/2020-03/10/content_1301034288.htm.

同雪莉,等.心理学改变生活[M].北京:高等教育出版社,2019.

汪小容.大学生心理健康和谐与发展[M].北京:北京理工大学出版社,2016.

王洪明.“确定性”与“不确定性”：学校心理健康教育何去何从？[J].上海教育,2020(6):16—17.

王凌霄.网络游戏成瘾者奖赏系统的大脑功能和结构特征[D].浙江师范大学硕士论文,2017.

王萍.现代心理学[M].济南:山东教育出版社,2012.

王伟法.校园安全风险管理概述[M].北京:海洋出版社,2013.

无声的呐喊——青少年非自杀性自伤[EB].国家精卫项目办精神卫生,2022 - 10 - 08. https://mp. weixin. qq. com/s/uSI97O7lh7o-YS8y3d53xg.

徐凯文.时代空心病——功利化应试教育之祸[EB/OL].知乎,2016 - 07 - 20. https://zhuanlan. zhihu. com/p/21651116.

袁伟.处世名著[M].西宁:青海人民出版社,1998.

岳晓东.追星与粉丝:揭秘偶像崇拜中的心理效应[M].北京:机械工业出版社,2012.

张婷,刘新民.发展心理学[M].合肥:中国科学技术大学出版社,2016.

张晓冬.当孩子说要“自杀”时[J].大众心理学,2019(12):30—31.

张晓冬,金莉.人生的顺与逆[M].上海:华东师范大学出版社,2021.

张晓冬.上海市家庭教育现状调查报告[J].现代教学,2019(07):70—71.

张晓冬.生命历程带教指导案例[M]见习教师规范化培训优秀带教案例集锦.上海:上海教育出版社,2021.

赵洪朋,周成林.青少年户外运动健身特点与指导方案研究[M].沈阳:东北大学出版社,2013.

郑洪利,寇平平.中学生心理健康教育:全体教师用书[M].北京:中国轻工业出版社,2008.

中国互联网络发展状况统计报告(第 52 次)[EB/OL].互联网络信息中心(CNNIC),2023 - 08 - 28. https://www. cnnic. cn/n4/2023/0828/c88—10829. html.

中国青少年健康教育核心信息及释义(2018 版)[EB/OL].中华人民共和国国家卫生健康委员会,2018 - 09 - 25. http://www. nhc. gov. cn/wjw/zccl/201809/820dd3db393c43c1a230817e2e4b9fd5. shtml.

朱海,申健强.中小学心理健康教育[M].成都:西南交通大学出版社,2015.

朱彤.父母要懂点心理学:77 个心理规律在家庭教育中的应用[M].北京:中国广播影视出版社,2007.

在 2017 年"中国好书"的颁奖典礼上,学者金冲及先生接受主持人白岩松的访谈,谈及自己心中好书的标准。他说,一本好书首先应该是它的内容非常重要,读者需要知道,而原来并不知道,作者能够把这件事讲清楚,为读者解惑、解疑;第二是要讲得准确、深刻;第三是要让读者看得懂,能够看下去,甚而能够感动他,提升他的认知。

金先生的这段话,对我的触动很大。因此,在接受这项主编的工作任务时,我就希望能够与各位作者一起努力,从理论与实践两个层面与读者分享我们的思考;期待把有关家庭教育的理论介绍给各位家长和同学,让他们在面对困惑时能够自我找寻,自我发现,自我总结;同时,也希望通过对诸多案例的分析,唤起各位读者的共鸣,使得大家真正意识到青少年心理健康教育的重要性,进而通过共情的过程,学会处理青少年的心理问题,解决各种心理冲突。

　　有鉴于此,在组织书稿时,我设想这些图书充分尊重中小学生不同时期的生理心理特点,希望为孩子和家长提供心理健康建设的理论滋养和认知自我的科学路径,帮助青少年读者建立"内省—接纳—学习—纠正"的心理调节机制,从而构建强大而丰富的内心世界。目前本丛书已经顺利完成,经过出版社编辑的精心加工,即将与各位读者见面。

　　在此,首先要感谢上海开放大学王伯军副校长。除了这套丛书之外,王副校长主持策划了多套市民教育、家庭教育、生命教育的丛书,对上海的终身教育做出了巨大的贡献。作为这套丛书的总策划,在多次听取调研报告的基础上,王副校长最终确定了本丛书的选题结构与基础框架。其次要感谢上海开放大学非学历教育部部长王松华,他们自始至终深度参与了本丛书的策划工作。再次要感谢几位作者的大力配合,在经过多次线下、线上会议的讨论之后,她们夜以继日、埋头创作,最终以各自的作品为我们提供了有关青少年心理健康问题的深刻洞见,并在此基础上提出了心理健康问题的预防与干预方法。最后要感谢上海远东出版社的编辑团队,感谢他们为本丛书的出版提出了极具专业性的建议,付出了辛勤的劳动。

　　期待读者朋友们喜欢这套丛书,并能够通过亲子共读,更好地了解彼此,理解彼此,让生命之花绽放出最美的姿态。

孙　晶

2023 年秋于上海